AF469964

LE PROBLÈME DES RÉPARATIONS

DU TRAITÉ DE VERSAILLES A L'ACCORD DE LONDRES

Essai historique et critique
accompagné des textes et documents

par **WITNESS**

PARIS
Dépôt chez HÉBRAS
37, rue du Faubourg Montmartre, 37

1921

LE PROBLÈME DES RÉPARATIONS DU TRAITÉ DE VERSAILLES A L'ACCORD DE LONDRES

Essai historique et critique
accompagné des textes et documents

par **WITNESS**

PARIS
Dépôt chez HΕBRAS
37, rue du Faubourg Montmartre, 37

1921

TABLE DES MATIÈRES

PREMIERE PARTIE

Du Traité de Versailles à l'accord de Londres

DEUXIEME PARTIE

L'accord de Londres ou l'état de paiement

TROISIEME PARTIE

Textes et documents

Du Traité de Versailles
à l'Accord de Londres

I

LA COMMISSION DES RÉPARATIONS ET LES GOUVERNEMENTS ALLIÉS

Les négociateurs du traité de Versailles avaient trouvé dans le problème des réparations de telles difficultés qu'ils en avaient finalement remis la solution à l'avenir : quelques principes avaient été posés — non sans peine, — quelques méthodes avaient été indiquées et, pour le surplus, on s'en était remis à une commission internationale, la Commission des réparations, du soin de résoudre les questions qui s'étaient révélées insolubles au cours de la conférence.

Erigée à la dignité d'un tribunal suprême entre les mains duquel les gouvernements alliés avaient abdiqué leurs droits, douée en apparence de pouvoirs considérables, cette Commission allait cependant voir les gouvernements alliés se substituer à elle pour toutes les questions importantes; c'est qu'en réalité la politique générale du monde et la réorganisation économique de l'Europe étaient trop étroitement liées au problème des réparations, pour que les gouvernements responsables se résignassent à laisser la Commission agir uniquement d'après « la justice, l'équité, et la bonne foi ». Invinciblement, les gouvernements alliés se sentirent attirés vers le problème dont dépendaient si directement leur situation présente et leur avenir.

Aussi bien d'autres questions étaient-elles restées de leur compétence exclusive : désarmement de l'Allemagne, jugement des coupables, et au cours des réunions qu'elles nécessitaient, il eût été bien difficile de ne pas parler des réparations. On en parla donc. A San Remo, à Hythe, à Boulogne, à Bruxelles, à Spa, à Paris, à Londres, les premiers ministres se rencontrèrent, et poursuivirent, parallèlement aux travaux de la Commission des réparations, la solution idéale.

Pour l'Angleterre, Lloyd George, qui avait fait le traité, menait les négociations sur un sujet qu'il connaissait bien ; pour la France, après le départ de Clemenceau, trois ministères successifs les suivirent. Il est encore trop tôt, pour expliquer le développement intérieur de ces négociations. Les péripéties parlementaires qui, en France, ont précédé ou suivi chacune des réunions du Conseil suprême paraissent sans doute avoir influencé ses travaux en plusieurs circonstances. Mais à y regarder de près, depuis San Remo jusqu'à Londres, et malgré l'accueil réservé régulièrement par le Parlement aux ministres français qui revenaient des conférences interalliées, c'est le système anglais qui, avec parfois des arrêts, mais jamais de reculs, a fini par l'em-

II

LE FORFAIT
SAN REMO -- HYTHE -- BOULOGNE
L'ACCORD DE BOULOGNE

L'idée prédominante du ministère Clemenceau avait été que l'Allemagne « payerait » la totalité de la créance alliée. C'est la délégation française qui avait obtenu, à la Conférence de la paix, qu'aucun chiffre ne fût fixé afin de permettre à chacun de présenter un titre de créance intégrale. Par une sage précaution, une provision de 20 milliards de marks or avait été imposée à l'Allemagne, en attendant la fixation définitive de sa dette. On aurait pu s'appliquer à faire payer cette somme. On préféra aborder sans plus de retard le règlement définitif.

En effets, Allemands et banquiers britanniques surent jouer de l'argument de l'incertitude économique que faisait peser sur l'Europe la menace d'une dette considérable et indéterminée. (On vit d'ailleurs plus tard, à la Conférence de Bruxelles, que l'Allemagne avait changé

d'avis.) D'autre part, l'argent ne rentrait pas dans notre Trésor : sans doute, l'Allemagne livrait du charbon, des navires, des produits chimiques, des machines agricoles, du bétail ; mais le budget paraissait n'en recevoir aucun allègement. Aussi n'eut-on pas trop de peine à persuader le gouvernement français et l'opinion publique que, moyennant un « forfait », le système des réparations entrerait en œuvre et qu'on pourrait facilement « mobiliser » notre créance.

Cette tendance se trouve pour la première fois officiellement exprimée dans le memorandum économique du 9 mars 1920 qui parut à la suite de la réunion du Conseil suprême à Londres. Les délégués des puissances alliées à la Commission des réparations devaient recevoir des instructions pour fixer le plus tôt possible le montant à payer par l'Allemagne à titre de réparations, basé, non pas, comme le veut le traité, sur l'étendue des dommages, mais sur la capacité de paiement de l'Allemagne. D'autre part, on suggérait à la commission d'autoriser l'Allemagne à émettre un emprunt extérieur.

Les semaines qui suivirent furent lourdes de la menace militaire allemande. Brusquement, le gouvernement français se décidait à occuper Francfort. Cette mesure rendit maussade le gouvernement de Londres, et c'est dans une atmosphère chargée que s'ouvrit le 19 avril la conférence de San Remo. En vain donna-t-on un gage de notre modération en proposant l'insertion d'une déclaration, suivant laquelle les Alliés « n'avaient pas l'intention d'annexer une partie quelconque du territoire allemand » : MM. Lloyd George et Nitti prirent avantage de la situation pour dévoiler le fond de leur pensée : règlement immédiat de la question des réparations en accord avec l'Allemagne, fixation immédiate de l'indemnité à 90 milliards de marks or payables en trente annuités de 3 milliards chacune, et convocation à Paris d'une conférence où les Allemands seraient représentés.

Avec beaucoup d'énergie et d'habileté, M. Millerand s'opposa à cette proposition. L'entretien qu'il eut le 24 avril avec M. Lloyd George aboutit à un projet d'accord stipulant qu'aucun chiffre ne serait fixé à San Remo et que le gouvernement allemand ne serait convoqué à une conférence que lorsque les Alliés se seraient mis préalablement d'accord sur les engagements à exiger de l'Allemagne, afin d'exclure toute possibilité pour celle-ci de spéculer sur les dissidences entre les Alliés.

On revenait de loin. Mais, dès cette époque, il était acquis que le traité ne s'appliquerait pas et que, par-dessus la Commission des réparations, les gouvernements alliés s'efforceraient à obtenir un règlement amiable avec l'Allemagne.

En vue d'arriver à l'accord préalable exigé par le gouvernement français, une première entrevue eut lieu à Hythe le 19 mai 1920. M. Millerand y accepta le principe de la fixation d'un chiffre d'indemnité forfaitaire et global, mais à la condition que la France bénéficierait d'une priorité dans le temps et toucherait aussi prochainement que possible une partie de la somme à fixer pour la reconstruction des régions dévastées. C'était une proposition que la délégation française à la Conférence de la paix n'avait jamais pu faire aboutir. Elle se heurta de nouveau à un refus du Premier britannique. Lloyd George se souvenait sans doute des âpres exigences de ses Dominions pendant la conférence. Après M. Hughes, il fit valoir le préjudice que porterait à l'Australie, par exemple, dont les tués ont été nombreux, une priorité en faveur de la France que le traité ne prévoyait pas au surplus.

Pourtant un projet fut dressé dans ses grandes lignes : l'Allemagne paierait trente-trois annuités forfaitaires, avec possibilité pour elle de se libérer en capital, grâce à des emprunts successifs qui seraient affectés pour partie au relèvement de l'Allemagne et dans une proportion plus grande au paiement de l'indemnité. On parla d'un maximum de 120 milliards de marks or.

C'est à la suite de cette conférence que M. Poincaré, auquel le gouvernement français avait fait appel dans des circonstances critiques pour le représenter à la Commission des réparations, se démit des fonctions dont la politique des gouvernements alliés réduisait ainsi l'importance.

Les experts français et anglais avaient été chargés, au cours de la conférence, de dresser un projet d'accord définitif. Une nouvelle réunion préparatoire eut lieu à Hythe le 20 juin et, le 21 juin, un projet était présenté à Boulogne aux chefs des gouvernements alliés.

L'Allemagne devait payer, en sus du remboursement des armées d'occupation, une annuité de 3 milliards de marks or pendant quarante-deux ans, plus une annuité de 3 milliards de marks or de 1927 à 1931 et de 4 milliards de marks or pendant les années suivantes. Afin d'inciter l'Allemagne à s'acquitter promptement, un escompte de 8 o/o à 5,50 o/o lui était consenti pendant les premières années sur les versements anticipés qu'elle effectuerait. L'Allemagne aurait été autorisée par la Commission des réparations à émettre un emprunt extérieur dont le produit aurait servi pour partie à son ravitaillement et à son relèvement industriel, mais dont la plus grosse part aurait été affectée au paiement des réparations. Une commission de la dette extérieure devait être créée par la Commission des réparations, comprenant un délégué neutre et un délégué allemand.

Enfin, l'Allemagne devait accepter, « en garantie de l'exécution intégrale du contrat » à intervenir avec elle, de remettre à la Commission des réparations des valeurs industrielles allemandes et d'affecter la totalité de ses recettes douanières au service des annuités, ces recettes devant être encaissées par un receveur général des douanes nommé par la Commission des réparations.

III

LA RÉPARTITION DE L'INDEMNITÉ

L'accord se fit en principe sur ce projet. Mais un gros écueil se présenta. Le traité n'avait parlé de la répartition entre alliés que pour laisser aux gouvernements alliés le soin de fixer des proportions « fondées sur l'équité et les droits de chacun » (art. 237). En exécution de cet article, un accord s'était fait à Londres, le 15 décembre 1919, entre le gouvernement britannique et M. Loucheur, suivant lequel « la part proportionnelle à attribuer à titre de réparations à la France et à l'Empire britannique collectivement serait partagée enre la France et l'Empire britannique dans la proportion de 11 à 5. La délégation française soutenait qu'il fallait entendre par là que la France toucherait 55 o/o et l'Angleterre 25 o/o. Mais M. Lloyd George qui se rendait compte que ce système réduisait à un trop faible pourcentage la part des autres alliés (20 o/o), opposa une interprétation plus conforme au texte, suivant laquelle la convention de Londres du 15 décembre 1919 n'avait pas eu pour effet de déterminer des pourcentages, mais seulement des proportions entre les sommes à recevoir par les deux alliés.

Aussi bien l'Italie, qui était représentée à la conférence, faisait-elle à la thèse française la plus vive opposition.

L'accord ne put se faire, et il fut décidé que les experts français, anglais, italiens, belges et serbes, se réuniraient à Paris pour y faire des propositions communes à soumettre aux gouvernements alliés qui devaient se retrouver le 2 juillet à Bruxelles pour fixer définitivement leur accord avant la réunion de Spa où le gouvernement allemand avait été convoqué.

Malheureusement, on arriva à Bruxelles sans que fût résolu le problème de la répartition. Celui-ci absorba toute l'attention des ministres et des experts. Finalement, on tomba d'accord sur un pourcentage qui attribuait 52 o/o à la France et 22 o/o à la Grande-Bretagne, mais qui ne réglait pas la répartition des 6,5 o/o abandonnés en bloc à la Grèce, à la Roumanie, et à l'Etat serbe-croate et slovène. Encore aujourd'hui, la question reste en suspens.

Entre temps, on avait approuvé à la hâte et en principe, le projet révisé des experts de Boulogne.

IV

LA CONFÉRENCE DE SPA
LA QUESTION DU CHARBON

La préparation était insuffisante pour rencontrer à Spa le 5 juillet les représentants du gouvernement allemand. Aussi bien le problème du désarmement de l'Allemagne absorba-t-il presque exclusivement l'activité de la conférence.

Celle-ci eut toutefois à s'occuper du problème des charbons dont la Commission des réparations avait saisi les gouvernements alliés : jusque là, en effet, l'Allemagne n'avait fourni que des quantités notoirement inférieures à celles imposées par le traité. La France souffrait alors d'une disette de charbon inquiétante.

Les Allemands entendus, un protocole fut dressé : l'Allemagne s'engageait à fournir mensuellement aux Alliés, du 1er août 1920 au 31 janvier 1921 2 millions de tonnes de charbon. La politique française recevait une première satisfaction : il était décidé que, si, au 15 novembre 1920, l'Allemagne n'avait pas satisfait à ses obligations dans une mesure suffisante, les Alliés procéderaient à l'occupation d'une nouvelle partie du territoire allemand, région de la Ruhr ou toute autre. Par contre, nous nous imposions un lourd sacrifice financier : 1° les Alliés s'engageaient à verser au gouvernement allemand une prime de 5 marks or par tonne payable en espèce par la partie prenante, prime qui devait être affectée à l'acquisition de denrées alimentaires pour les mineurs allemands; 2° En outre, les Alliés s'engageaient à faire à l'Allemagne pendant une période de 6 mois une avance égale à la différence entre le prix fob du charbon et le prix du marché intérieur. Ces avances devaient être faites à raison de 61 o/o par la France, 24 o/o par la Grande-Bretagne, 7 o/o par l'Italie et 8 o/o par la Belgique. Elles devaient porter intérêt à 6 o/o l'an, mais étaient remboursables, au plus tard le Ier mai 1921 sur les premiers paiements faits en espèces par le gouvernement allemand, *au titre des réparations*. Autant dire que les gouvernements alliés en faisaient l'abandon définitif à valoir sur la provision de 20 milliards de marks or venant à échéance le Ier mai 1921. Ultérieurement un accord franco-anglais signé à Boulogne le 27 mai 1920 fixait les modalités de ce remboursement.

Cet accord a assuré aux Alliés les quantités de charbon qu'ils réclamaient, mais il leur a coûté 400 millions de marks or qu'ils ont dû prélever sur leurs Trésoreries.

V

LA CONFERENCE DE SPA
L'ARRANGEMENT FINANCIER

En ce qui concerne le problème d'ensemble des réparations, la conférence se borna à renvoyer à un comité d'experts trois notes remises par la délégation allemande.

Mais, en dehors de la conférence proprement dite, les gouvernements alliés élaborèrent entre eux un arrangement financier sur les réparations qui fut signé le 16 juillet 1920. Cet arrangement, rédigé à la hâte, règle un certain nombre de questions importantes.

L'idée prédominante fut celle des reversements éventuels que certaines puissances pourraient être amenées à faire au profit d'autres puissances ; et surtout reversement de la France au profit des Etats-Unis et de la Grande-Bretagne, qui ne seraient vraisemblablement pas remboursés au Ier mai 1921 du coût de leurs armées d'occupation ; et reversement de la France au profit de la Belgique qui, aux termes d'une lettre en date du 16 juin 1919, signée de MM. Clemenceau, Wilson et Lloyd eorge, a un droit de priorité générale, jusqu'à concurrence de 2.500 millions de francs or, sur tous les paiements reçus par les Alliés au titre des réparations.

Il n'est pas sûr que la question de la priorité du coût des armées d'occupation ait été réglée définitivement par l'accord de Spa. En revanche, la priorité de la Belgique est limitée, jusqu'au 1ᵉʳ mai 1921, aux versements reçus directement par la Commission des réparations, à l'exclusion de ceux qui sont reçus individuellement par chacune des puissances alliées et qui restent leur propriété. Encore n'est-il pas sûr que cette priorité définie ne soit pas primée éventuellement par le coût des armées d'occupation.

D'autres questions furent débattues, que la Commission des réparations avait jusque-là hésité à résoudre, en raison de l'opposition irréductible des points de vue nationaux. L'occasion était bonne pour arriver à une entente, puisque les chefs de gouvernement responsables se trouvaient réunis. Toutes les questions se ramenaient, en somme, à celle des évaluations des prestations allemandes : charbon, bétail, matériel ferré, bateaux.

Il y a une tendance naturelle chez chacun des Alliés à évaluer très cher ce que l'autre reçoit . il en était ainsi notamment du charbon. D'après le traité (partie VIII, anexe V, paragraphe 6), le charbon doit être décompté au prix du marché intérieur allemand, s'il est livré par voie de fer ou par voie d'eau ; au prix f. o. b., donc, pour le moment, à un prix très supérieur, s'il est livré par voie de mer. Se fondant sur les débats préparatoires, le gouvernement français soutient que seules les livraisons faites par des ports allemands justifieraient le prix f. o. b. Il n'en serait plus de même lorsque le charbon, livré par voie de fer ou fluviale à la frontière allemande, serait acheminé en France par un port allié ou neutre (Anvers et Rotterdam). La non-acceptation de cette thèse aurait pour effet d'augmenter notre débit de près de 200 millions de marks or. De même pour le bétail et le matériel ferré livré par l'Allemagne, la question se posait de savoir si l'évaluation en serait faite sur la base du prix intérieur allemand ou sur celle du prix mondial. De même en ce qui concerne les bateaux.

On peut s'étonner que de ces questions qui étaient, pourtant intimement liées en bonne logique, une seule ait été réglée par l'arrangement : celle des bateaux.

Il fut convenu que le prix dont serait créditée l'Allemagne serait basé sur celui qui pourrait être obtenu de la vente, sur le marché britannique et à des ressortissants britanniques, des bateaux livrés par l'Allemagne. Il est inutile de souligner l'importance de cette clause pour la puissance qui a reçu la presque totalité de la flotte allemande.

Il faut seulement regretter que des dispositions aussi avantageuses n'aient pas été inscrites au profit des puissances qui reçoivent du charbon en remplacement de celui de leurs mines détruites et des matériaux pour reconstruire leurs régions dévastées.

Il était décidé, en outre, qu'aucune somme ne serait portée au crédit de l'Allemagne relativement au produit de la vente des bâtiments de guerre et du matériel naval livré par l'Allemagne.

<h1 style="text-align:center">VI</h1>

LES MODALITÉS DE PAIEMENT
CONFÉRENCE DES EXPERTS DE BRUXELLES

On partit donc de Spa sans avoir abordé le fond du problème des réparations. On avait eu d'ailleurs le loisir de méditer sur la valeur de l'accord de Bruxelles ; peut-être aussi les mémoires allemands avaient-ils impressionné les Alliés. En outre, la Conférence financière de Bruxelles, organisée par la Société des Nations, avait porté un coup sérieux aux espérances d'un emprunt international sur lequel reposait en grande partie l'accord de Boulogne. On entra dans une nouvelle phase.

Après bien des pourparlers et bien des difficultés de procédure, les gouvernements français et britannique s'entendirent pour convoquer à Bruxelles une conférence d'experts.

En France, Seydoux et Cheysson remplaçaient Celier et Avenol ; en Angleterre, lord d'Abernon et sir John Bradbury remplaçaient Blackett. Les choses allaient prendre une autre tournure.

Les experts dissimulèrent à peine les critiques que leur inspirait le projet de Boulogne. Rien, selon eux, ne pouvait être prévu au delà de cinq années. Au surplus, il importait surtout de rechercher et de fixer les modalités et les moyens de paiement. Un système très intéressant fut élaboré, auquel M. Seydoux a laissé son nom.

Il consistait essentiellement à utiliser les contrats commerciaux qu'Alliés et Allemands pourraient passer ensemble : le gouvernement allemand ouvrirait à la Commission des réparations des crédits en marks, grâce auxquels la commission réglerait les traites qui lui seraient adressées par les fournisseurs allemands. Les crédits en marks pourraient d'ailleurs servir dans le cas où les Alliés se décideraient à utiliser la main-d'œuvre allemande et dans le cas où ils désireraient acquérir des participations industrielles en Allemagne.

Ces projets soigneusement étudiés, et qui semblaient recevoir l'adhésion du gouvernement allemand, pouvaient servir d'amorce à un plan plus général.

VII

LE RETOUR AU SYSTÈME DE BOULOGNE
LES CONFÉRENCES DE PARIS ET DE LONDRES

Pourtant aucune suite ne leur fut donnée. La situation intérieure de la Grande-Bretagne s'y opposait. Mais il se pourrait surtout que le Premier britannique se fût effrayé, à la réflexion, d'un système qui, s'il permettait à la France de se faire payer, aurait eu pour effet de créer entre l'industrie française et l'industrie allemande une solidarité compromettante pour l'industrie britannique.

Le travail de Bruxelles fut, en quelque sorte, annulé, et la Conférence de Paris reprit les choses au point où on les avait laissées à Boulogne. Le gouvernement britannique s'en tenait ferme à l'accord par lequel le gouvernement Briand ne se croyait pas lié. On se rappelle l'intervention du ministre des finances français qui, portant la crise à son point aigu, en hâta la solution. Un nouveau projet sortit de la conférence, le 29 janvier 1921, calqué sur celui de Boulogne. Le système des annuités était toutefois modifié. L'Allemagne devait payer pendant quarante-deux ans : 1° des annuités fixes, progressant de 2 à 6 milliards de marks or ; 2° des annuités égales à 12 0/0 de la valeur des exportations allemandes. On voit apparaître dans le projet l'idée de bons aux porteurs ; par contre, la garantie des valeurs mobilières allemandes disparaît, ainsi que l'idée d'une commission de la dette extérieure.

L'accord entre Alliés étant réalisé, il restait à faire accepter la projet par le gouvernement allemand. Celui-ci fut convoqué à Londres. Il s'y fit représenter par le D' Simons.

Le ministre allemand fit, lé 1er mars, un long exposé de la situation économique de l'Allemagne à la fin duquel il résuma les contre-propositions allemandes, établies à la dernière minute dans le train qui l'amenait de Berlin.

Ces contre-propositions parurent à tous indignes d'examen et le 3 mars Lloyd George communiquait à la délégation allemande l'ultimatum allié: si dans un délai de trois jours, elle ne souscrivait pas à l'accord de Paris ou ne soumettait pas des propositions satisfaisantes, les Alliés appliqueraient les sanctions suivantes : occupation de Duisbourg, Ruhrort et Dusseldorf ; prélèvement sur les paiements dus à l'Allemagne sur les marchandises allemandes exportées dans les pays alliés, saisie des douanes allemandes dans les territoires occupés.

En vain le délai fixé par l'ultimatum fut-il fiévreusement employé pour arriver à un compromis ; en vain lord d'Abernon s'efforça-t-il de faire accepter un système — qui devait d'ailleurs triompher un jour ; — en vain M. Loucheur témoigna-t-il de la volonté de conciliation du gouvernement français : la réponse du Dr Simons fut négative et les sanctions furent déclanchées — non sans retard d'ailleurs.

Un mois après, le Conseil suprême se réunissait à nouveau à Londres. Il s'agissait de prendre les décisions que comporterait la sentence de la Commission des réparations quant à la fixation de la dette allemande. Après plus d'un an de négociations, de conférences, on avait senti la nécessité de rester sur le terrain juridique que pouvait offrir le traité de Versailles plus scrupuleusement appliqué. La fixation de la dette allemande, grâce à un travail considérable, grâce à la volonté de M. L. Dubois, le délégué de la France à la Commission des réparations et président de cette commission, venait à son heure : le chiffre, 132 milliards, allait donner pour la première fois une base solide aux exigences des Alliés.

Il est regrettable que la Commission des réparations n'ait pas « concurremment » dressé à Paris l'état de paiement en trente années de la dette intégrale de l'Allemagne, comme paraît l'exiger le Traité.

C'eût été pour elle un travail facile, car le traité était un guide sûr et il ne s'agissait, en somme, que de dresser un tableau d'amortissement habilement dosé pour tenir compte des possibilités de relèvement de l'Allemagne. Aucun doute d'ailleurs que cet état de paiement ne fût tout prêt.

Mais on savait qu'à Londres les gouvernements alliés s'étaient saisis du problème. Au surplus, le délégué britannique et le délégué belge avaient été appelés à la conférence. Il eût été inutile et même dangereux de poursuivre à Paris un travail dont les résultats auraient pu différer de ceux de Londres.

Mais là on ressentit *in extremis* l'impossibilité de se passer de la commission. Le plan imaginé débordait le cadre du traité et il fallait savoir dans quelle mesure la commission pouvait le prendre à son compte. Celle-ci fut donc mandée à Londres. Elle accepta, après les avoir modifiés, les projets qui lui furent présentés. Le premier de ces projets était une déclaration des puissances alliées qui, usant du paragraphe 22 de l'annexe II à la partie VIII du traité, modifiaient les dispositions de cette annexe pour la rendre conforme à l'état de paiement qu'elles avaient élaboré. Le second projet était un document réglant les modalités et les garanties de paiement de la dette allemande. Il fut corrigé et remanié jusqu'à la dernière minute et remis dans le cours de la nuit du 5 au 6 mai à M. von Oertzen, de la Kriegslastenkommission. La Commission des réparations a pu accepter de prendre cet état de paiement à son compte : il est, en réalité, l'œuvre de la Conférence de Londres, une adaptation des accords de Boulogne et de Paris.

DEUXIÈME PARTIE

L'Accord de Londres

ou l'état de paiement

1

LE MÉCANISME DE L'ETAT DE PAIEMENT

L'Allemagne doit représenter l'intégralité de sa dette, fixée par la Commission des réparations à 132 milliards de marks or, par des obligations.

Une première série de 12 milliards (série A) sera émise le 1er juillet 1921, une seconde (série B) de 38 milliards, le 1er novembre 1921. L'une et l'autre porteront intérêt à 5 o/o et seront dotées d'un taux d'amortissement de 1 o/o. Ces deux séries d'un total de 50 milliards donneront donc lieu à une annuité de 3 milliards et seront amorties en 35 ans.

Une troisième série d'obligations (82 milliards), devra être remise à la Commission des réparations le 1er novembre au plus tard (série C). Mais ces obligations resteront seulement pour ordre à la Commission des réparations pendant un certain temps. Lorsque la Commission des réparations estimera que l'Allemagne est en mesure de faire face à une annuité sensiblement supérieure à celle requise pour le service des deux premières séries d'obligations, elle émettra une première tranche de la 3° série. Cette tranche, comme les deux premières séries portera intérêt à 5 o/o, sera dotée d'un taux d'amortissement de 1 o/o et sera amortie 35 ans après son émission. Au fur et à mesure de l'augmentation de la capacité de paiement de l'Allemagne, la Commission émettra de nouvelles tranches d'obligations qui, toutes dotées d'un service de 6 o/o l'an, seront amorties 35 ans après leur émission.

Le paiement des intérêts et des sommes destinées à l'amortissement sera assuré de la manière suivante :

Au cours des années à venir, l'Allemagne devra payer 1° une annuité fixe de 2 milliards; 2° Une somme correspondant à 25 o/o de la valeur de ses exportations.

Les Alliés se procureront les sommes correspondant aux 25 o/o de la valeur des exportations : *a*) au moyen du prélèvement de 50 o/o qu'ils opèrent sur la valeur des marchandises allemandes importées sur leurs territoires ; *b*) au moyen d'un versement complémentaire que l'Allemagne devra effectuer.

Lorsque en 1957, les deux premières séries de 12 et de 38 milliards auront été amorties, l'Allemagne ne sera tenue que d'assurer le service des 82 milliards d'obligations encore non amorties, alors même que l'annuité de 2 milliards et la valeur des 25 o/o sur les exportations pourraient permettre le service d'une dette plus importante. De même, au fur et à mesure que des tranches de la série C seront amorties (postérieurement à 1957) les annuités dues par l'Allemagne se réduiront encore.

Ainsi, la représentation graphique des annuités allemandes nécessiterait une courbe qui croîtrait au cours des premières années pour s'infléchir à partir de 1957, pendant une période indéterminée.

Si, au cours des premières années, les sommes reçues de l'Allemagne dépassent l'annuité nécessaire pour le service des obligations émises, les sommes en excédent seront versées à un fonds destiné à assurer le paiement d'un intérêt sur les sommes non représentées par des bons. En outre, une somme équivalente à 1 o/o de la valeur des exportations allemandes devra être versée par l'Allemagne pour être affectée au même service, tant que la totalité des obligations n'aura pas été émise par la Commission des réparations.

Les annuités seront garanties :

a) Par le produit des droits de douanes maritimes et terrestres ;

b) Par le produit d'un prélèvement de 25 o/o sur la valeur des exportations allemandes à destination de pays qui n'appliquent pas eux-mêmes un prélèvement sur les exportations allemandes ;

c) Par le produit de toutes autres taxes ou ressources à déterminer.

Ces différents produits devront être versés à un comité des garanties qui aura qualité pour en surveiller l'application aux services des obligations émises par la Commission des réparations. Ledit comité vérifiera, au nom de la Commission, et, s'il est nécessaire, rectifiera le montant déclaré par le gouvernement allemand comme valeur des exportations allemandes. Il est pourtant stipulé qu'il n'est pas autorisé à s'ingérer dans l'administration allemande.

Tel est dans ses grandes lignes l'état de paiement élaboré à Londres qui doit être désormais la charte des réparations.

II

LA VALEUR DE L'ETAT DE PAIEMENT

L'accord de Londres se caractérise par une double incertitude : incertitude quant à la durée du service des annuités, incertitude quant au rendement de ces annuités.

Il est encore équivoque en ce sens qu'il ne pose pas entre la dette de réparations fixée par la Commission des réparations et le montant des annuités à payer une égalité absolue.

En effet, l'état de paiement ne permet pas de réclamer plus à l'Allemagne qu'un versement annuel de 2 milliards et une somme correspondant à 26 0/0 sur la valeur de ses exportations : or, il peut arriver que l'annuité ainsi obtenue reste toujours inférieure à la somme nécessaire pour le service des intérêts simples (6.600 millions).

Si bien que l'état de paiement implique la possibilité que la dette de l'Allemagne ne soit jamais payée et qu'elle dégénère, par conséquent, en une dette perpétuelle portant intérêt à 5 0/0 au plus. Ceci, évidemment, n'est que théorique, mais théoriquement rigoureusement exact. Pratiquement, un système semblable mène à une réduction de la créance.

L'état de paiement consacre lui-même expressément cette réduction nécessaire pour obtenir un amortissement, et ceci par deux procédés :

1° D'après l'article 2, la créance non représentée par des obligations ne portera, entre le 1ᵉʳ mai 1921 et le 1ᵉʳ mai 1926, qu'un intérêt de 2 1/2 0/0. On a voulu, par cette concession, compenser l'augmentation de la charge imposée à l'Allemagne, par suite de l'élévation à 5 0/0 de l'intérêt des bons fixé par le traité pendant cette même période à 2 1/2 0 0. Mais, outre que les rédacteurs français du traité ont toujours contesté que la réduction de l'intérêt des bons pouvait avoir pour effet de réduire l'intérêt de la dette globale, cette réduction dans le système du traité ne s'appliquait qu'à une tranche de bons de 40 milliards (plus quelques milliards restant de la provision de l'article 235), tandis que, dans le système de Londres, c'est, pendant une période de cinq ans, une somme de 82 milliards qui ne produira d'intérêt qu'à 2 1/2 0/0 ;

2° D'après ce même article 2, l'intérêt sur la dette non représentée par des obligations n'est pas cumulatif, c'est-à-dire que les intérêts échus et non payés ne seront pas reportés et ne pourront pas être réclamés à l'Allemagne.

La première de ces dispositions a pour effet de réduire notre créance de 10 milliards 250, ou plutôt en capitalisant, comme il convient en matière de valeur actuelle, de 12 milliards 078.

Il est plus difficile de chiffrer immédiatement la perte résultant de la seconde disposition, car elle est fonction du montant de l'annuité que nous ne connaissons pas encore. Disons seulement, pour l'instant, qu'en nous plaçant dans l'hypothèse la plus favorable, celle-là même envisagée par M. Loucheur, c'est de nouveau une somme de 8 milliards environ qui nous échappe.

Ainsi, l'accord de Londres a pour effet de ramener à 112 milliards environ la créance alliée fixée par la Commission des réparations à 132 milliards.

Le plus gros inconvénient de l'accord de Londres réside sans doute dans le fait qu'il n'assure aux Alliés qu'une somme fixe de 2 milliards, le surplus restant indéterminé.

L'accord de Paris nous assurait un minimum de 2 milliards pendant les deux premières années, de 3 milliards pendant les trois suivantes, puis de 4 milliards pendant trois ans, de 5 milliards pendant encore trois ans et de 6 milliards à partir de la douzième année.

L'accord de Boulogne, plus ferme, nous accordait 3 milliards jusqu'en 1926, 6 milliards de 1927 à 1931 et 7 milliards pendant les trente-deux années suivantes.

Sans doute, on pourrait essayer d'évaluer le rendement du prélèvement sur les exportations. On ne saurait mieux faire que de reprendre les chiffres cités par M. Loucheur après l'accord de Paris.

Les exportations allemandes devant être de :

10 milliards pendant les cinq premières années ;
12 milliards pendant les trois suivantes ;
15 milliards pendant les trois suivantes ;
25 milliards à partir de la douzième année.

Le produit du prélèvement de 26 p/0 serait de :

2.600 millions pendant les cinq premières années ;
3.120 millions pendant les trois suivantes ;
3.900 millions pendant les trois suivantes ;
6.500 millions à partir de la douzième année.

Jusqu'en 1957, l'Allemagne paierait donc :

4.600 millions 1922 à 1926
5.120   »   1927 à 1929
5.900   »   1930 à 1932
7.920 (1) »   1933 à 1957

A partir de 1957, l'Allemagne paierait en outre des annuités décroissantes pour amortir les obligations de la série C émises postérieurement au 1er novembre 1921 et qui viendraient à échéance postérieurement à 1957.

L'amortissement complet de la dette allemande ne serait ainsi terminé qu'en 1969, soit dans 48 années.

On voudra bien se fier à nos calculs faits dans l'hypothèse la plus optimiste.

----

(1) Dans l'hypothèse Loucheur la somme de 7.920 est suffisante pour assurer à partir de la 13e année le service des obligations émises.

Il n'est pas possible d'après les accords de Londres de réclamer à l'Allemagne une somme supérieure à celle nécessaire au service des obligations émises.

En comparant les accords de Boulogne, de Paris et de Londres, on obtiendrait le tableau suivant dans l'hypothèse, extrêmement optimiste, de M. Loucheur.

Années	Boulogne	Paris	Londres
1922-1923	3.000	3.200	4.600
1924 à 1926	3.000	4.200	4.600
1927 à 1929	6.000	5.440	5.120
1930-1931	6.000	6.800	5.900
1932	7.000	6.800	5.900
1933 à 1957	7.000	9.000	7.920
1958	7.000	9.000	7.106
1959 à 1962	7.000	9.000	4.920
1963	7.000	9.000	4.338
1964-1965			3.000
1966			2.750
1967-1968			2.000
1969			1.500

III

LES GARANTIES DE L'ACCORD DE LONDRES

La presse française a semblé indiquer dans ses comptes rendus des négociations de Londres que l'innovation de l'accord du 5 mai et sa force principale étaient l'établissement de garanties importantes à consentir par le gouvernement allemand et la création d'une sorte de Commission de la dette allemande.

Il paraît bien cependant que l'idée n'est pas neuve :

L'article 5 de l'accord de Boulogne qui remonte au mois de juillet 1920 prévoit que : « En vue de faciliter l'émission et le service des emprunts prévus à l'article 4 ci-dessus, il sera institué une Commission spéciale dont la composition sera déterminée par la Commission des réparations et à laquelle celle-ci pourra déléguer tout ou partie de ses pouvoirs comme à l'un des comités prévus au paragraphe 7 de l'annexe II de la partie VIII du traité de Versailles. Le gouvernement allemand et les porteurs de titres des emprunts seront représentés dans ladite Commission ».

L'accord de Paris du 29 janvier 1921 prévoyait également dans son article 5 des mesures de garantie qui allaient même jusqu'à la saisie des douanes et à leur administration par la Commission des réparations.

L'accord de Londres affecte au service des obligations à émettre par la Commission des réparations le produit des douanes et des taxes d'exportation et le produit d'un prélèvement de 25 0/0 sur les exportations. Il donne pouvoir à une sous-commission de garantie de surveiller l'application de ces revenus. Tout le mécanisme du système repose ainsi sur cette sous-commission de garantie.

Ses attributions d'après la décision des gouvernements alliés du 5 mai et l'état des paiements notifié le même jour au gouvernement allemand par la Commission des réparations sont les suivantes :

I. — Au nom de la Commission des réparations cette sous-commission est chargée d'un contrôle général sur les ressources de l'Empire en exécution des articles 241 et 248 et du paragraphe 12 *b*) de l'annexe II de la partie VIII du traité.

D'après l'article 241 l'Allemagne s'engage à faire promulguer, à maintenir en vigueur et à publier toute législation, tous règlements et décrets qui pourraient être nécessaires pour assurer la complète exécution des présentes stipulations (Réparations). L'article 248 établit un privilège de premier rang sur tous les biens et ressources de l'Empire et des Etats allemands pour le règlement des réparations sous réserve des dérogations qui pourraient être accordées par la Commission des réparations. Quant à l'alinéa b du paragraphe 12 de l'annexe II, il charge la Commission d'examiner périodiquement le système fiscal allemand : 1° afin que tous les revenus du gouvernement allemand y compris 'es revenus destinés au service ou à l'acquittement de tous emprunts intérieurs soient affectés par privilège au paiement des sommes dues par elle à titre de réparation et 2° de façon à acquérir la certitude qu'en général le système fiscal allemand est tout à fait aussi lourd proportionnellement que celui d'une quelconque des puissances représentées à la Commission.

Le comité de garantie prend ainsi des pouvoirs qui se trouvent déjà inscrits dans le traité. Il est d'ailleurs interdit au comité de garantie de s'ingérer dans l'administration allemande, ce qui complète à distance la lettre du 16 juin 1919, adressée par les puissances alliées à l'Allemagne avant la signature du traité, pour en interpréter par avance certaines dispositions. Cette lettre spécifiait que le paragraphe 12 *b*) de l'annexe II ne donnait pas à la Commission des réparations le droit d'*ordonner la création* ou le recouvrement d'impôts ni le droit d'*imposer au budget allemand le caractère qu'il devrait revêtir*. La difficulté sera évidemment au point de vue pratique de concilier ces restrictions avec l'application des dispositions précitées. Il paraît bien toutefois que si le Comité de garantie ne peut intervenir effectivement dans l'administration des finances du Reich, il pourra tout au moins y exercer un droit de regard.

II. — Le comité de garantie est chargé d'encaisser les fonds et revenus affectés au service de la dette, d'en vérifier, d'en contrôler et d'en arrêter le montant. Il est d'autre part autorisé à accepter les ressources ou revenus qui seraient proposés par le gouvernement allemand pour parfaire ou remplacer les fonds spécifiés dans l'état de paiement comme garantie. Il devra également fixer au gouvernement allemand les modalités de conversion en valeur or des marks papier provenant des fonds affectés en garantie.

III. — Le comité de garantie a encore dans ses attributions la centralisation et la gestion provisoire des fonds. Il devra les transmettre à la Commission des réparations après avoir prélevé les sommes nécessaires pour effectuer le paiement des intérêts afférents aux obligations négociées et pour constituer le fonds d'amortissement prévu, fonds qu'il gère et dont il assure le fonctionnement. En ce qui concerne les 2° et 3° catégories d'attributions, le comité de garantie agit donc comme mandataire des porteurs d'obligations placées dans le public.

Il ne faudrait d'ailleurs pas croire que ce comité pourra permettre au gouvernement français de toujours faire prévaloir son point de vue. En effet, d'après le texte de l'état de paiement notifié au gouvernement allemand, ce comité doit être composé de représentants des puissances actuellement représentées à la Commission, c'est-à-dire : la France, l'Angleterre, la Belgique, l'Italie, le Japon, éventuellement les Etats-Unis. Le représentant français se trouvera ainsi avoir une voix contre cinq, son influence diminuera encore lorsque 'des représentants neutres se seront adjoints au comité. Il n'aura plus alors qu'une voix contre 8. Il serait désirable à ce point de vue qu'en raison de la part importante de la France dans la créance sur l'Allemagne, le représentant français ait la présidence et une voix prépondérante.

En ce qui concerne sa résidence, rien n'a été prévu intentionnellement, semble-t-il, dans les textes. Nos alliés sembleraient désireux de maintenir ce comité à Paris ; il n'est pas douteux cependant qu'il soit nécessaire que ce comité ait un contact étroit avec les administrations centrales du Reich; le forcer à établir sa résidence à Paris serait évidemment diminuer de beaucoup son action.

Il serait intéressant maintenant de se rendre compte du rendement des garanties prévues dans l'accord de Londres. Il semble à ce sujet que l'on vive beaucoup sur le souvenir des douanes maritimes chinoises et qu'on croie ne pouvoir mieux trouver comme garanties que le produit des douanes. Il faut cependant se rendre compte que cette catégorie d'impôts facile évidemment à percevoir par des étrangers n'est pas d'un rendement considérable. C'est ainsi que pour l'exercice 1920/21 le rendement des douanes en Allemagne a été d'environ 2 milliards 200 millions de marks papier, c'est-à-dire moins de 150 millions de marks or; quant aux taxes d'exportation leur produit a été de 2 milliards 300 millions environ soit moins de 160 millions de marks or; ensemble ces deux garanties donneraient un chiffre très peu supérieur à 300 millions de marks or. Nous sommes loin des 2 milliards de marks or de l'annuité fixe.

IV

LA MOBILISATION DE LA CRÉANCE ALLEMANDE

Le problème des réparations s'est toujours heurté à la difficulté suivante : d'une part, la dette allemande est trop considérable pour qu'elle puisse être payée en une seule fois, et il est besoin d'en étaler le paiement en capital et intérêts sur 40 années au moins pour ne pas réclamer d'annuités impossibles à régler *a priori;* mais d'autre part, les puissances alliées ont besoin de recouvrer immédiatement une partie de leur créance. Elles peuvent attendre en ce qui concerne les paiements faits au titre des pensions qui eux aussi se répartiront sur une longue période ; elles peuvent également se contenter d'annuités dans la mesure où celles-ci doivent les aider à faire le service des emprunts contractés en vue de la réparation des dommages. Mais pour la reconstruction des régions dévastées et la reprise de la vie économique, des sommes liquides nous sont immédiatement nécessaires.

De là l'idée de mobiliser immédiatement une partie tout au moins des annuités allemandes.

C'est en vue de cette mobilisation que le traité de paix avait institué des bons au porteur pour des montants de 20 et de 40 milliards. Ces bons étaient destinés à être émis dans le public ; leur produit aurait servi à amortir par anticipation une partie de la dette allemande, et leur diffusion à travers le monde et surtout chez les neutres aurait été le plus sûr garant de la bonne volonté allemande à s'acquitter d'une dette qui aurait cessé d'être une dette d'origine politique pour devenir une dette commerciale ordinaire.

Malheureusement, ces bons étaient inutilisables. Ils ne pouvaient porter, entre 1921 et 1926 qu'un intérêt de 2 1/2 o/o, et seulement à partir de cette date un intérêt de 5 o/o. On conçoit que si ces bons avaient été négociés, l'insuffisance des intérêts au cours des cinq pre-

mières années aurait nécessité une négociation forte-
ment au-dessous du pair. Or, suivant une disposition
du traité, les bons négociés doivent, en tout état de
cause, être décomptés à leur valeur nominale, pour être
inscrits au crédit de l'Allemagne. C'eût été une réduction brutale de notre créance.

C'est certainement une des raisons pour lesquelles la
Commission des réparations a dû garder dans ses coffres les bons qui lui furent remis par le gouvernement
allemand, et c'est la raison pour laquelle le gouvernement de M. Millerand rechercha résolument une autre
méthode de mobilisation. L'Allemagne, au cours de
l'année dernière, avait besoin d'emprunter à l'extérieur;
mais le privilège général qui grève son patrimoine
rendait impossible toute combinaison financière. On
aurait permis à l'Allemagne d'emprunter, en consentant
à lever partiellement ce privilège, mais on l'aurait obligée à verser pour les réparations une partie du produit
de l'emprunt.

L'accord de Londres est revenu au système du traité
qu'il a renforcé et amélioré. Les bons au porteur de-
viennent des obligations munies de feuilles de coupons,
et ces obligations portent intérêt à 5 o/o dès le moment
de leur émission. Elles sont garanties par l'ensemble
des revenus et ressources de l'Empire et des États allemands, et, en particulier, par le produit des douanes
et le prélèvement de 25 o/o sur la valeur des exportations à destination des puissances qui n'opèrent pas
de prélèvement sur la valeur des marchandises allemandes importées chez elle. A vrai dire, on ne comprend pas pourquoi cette garantie n'est accordée que
« sous réserve des dispositions des articles 248 et 251
du traité de Versailles » qui établissent, l'un le privilège général sur tous les biens et revenus de l'Allemagne; l'autre un ordre de priorité dans les paiements.
La garantie, pour être efficace devrait être absolue.

Au point de vue technique, les obligations de l'accord
de Londres paraissent viables. Il paraît être dans les
intentions des gouvernements de les émettre par petites
coupures. Trouveront-elles dans le public un placement
facile ?

Une première difficulté vient de l'insuffisance de

l'intérêt qu'elles rapportent; alors que notre rente est à 6 o/o et que le loyer de l'argent aux Etats-Unis approche de 10 o/o, il est certain que les obligations ne pourront être négociées qu'au-dessous du pair. Or, la disposition suivant laquelle elles doivent être inscrites au crédit de l'Allemagne pour leur valeur nominale subsiste encore.

Ensuite, ces obligations sont libellées en marks or. C'est dire qu'elles ne sont susceptibles d'être placées que dans les pays dont la monnaie est au pair de l'or, ou dans des portefeuilles de particuliers qui spéculeraient à la baisse de leur propre monnaie nationale. Supposons en effet qu'un Français veuille acheter une obligation de 1.000 marks or. C'est au cours actuel du change une somme de 3.000 francs environ qu'il devra débourser. Pourtant si notre franc se rapproche du pair et atteint le pair, le souscripteur français ne touchera, lors du remboursement, qu'une somme de 1.250 francs.

Entre temps, ses 50 marks or d'intérêts annuels lui auront rapporté, à raison de l'amélioration du franc, une somme qui aura décru de 150 à 62 fr. 50.

Si l'on veut placer des obligations en Europe, il sera donc nécessaire de trouver des modalités qui écartent des risques semblables. Et en tout état de cause c'est inéluctablement, vers les Etats-Unis que nous sommes obligés de tourner les yeux pour savoir si les obligations seront souscrites et si elles resteront, papier inutile, dans les coffres de la Commission des réparations.

TROISIÈME PARTIE

Textes et Documents

VII

Les puissances représentées à la Conférence ont prêté une grande attention au cas spécial des régions dévastées et plus particulièrement du nord de la France.

La restauration de ces régions est de première importance pour le rétablissement de l'équilibre économique en Europe et le retour à une situation commerciale normale. Il est évident que les fonds importants exigés par cette œuvre ne peuvent être tirés des revenus habituels et que d'autre part le travail de reconstitution ne peut attendre le versement par l'Allemagne des sommes dues par elle à titre de réparation aux termes du Traité de paix.

Dans ces conditions les puissances représentées à la Conférence reconnaissent qu'on pourrait se procurer convenablement des fonds indispensables nécessaires à cette reconstitution au moyen d'emprunts sur le marché garantis par le paiement des réparations prévues par le Traité et que les restrictions qu'ils désirent voir imposées à de nouveaux emprunts ne s'appliquent pas aux emprunts et crédits ouverts en vue de ces dépenses anormales et indispensables.

VIII

Les puissances représentées à la Conférence ont pris en considération l'article 2 et les articles annexes du Traité de Versailles ainsi que les passages de la lettre adressée le 16 juin 1919 par le Conseil Suprême aux délégués allemands, qui prévoient la présentation par l'Allemagne de propositions tendant à fixer le total des paiements à faire par elle à titre de réparation, et la possibilité de lui donner les facilités pour obtenir les produits alimentaires et les matières premières nécessaires, en avance sur les paiements faits à titre de réparations.

Les puissances conviennent qu'il est désirable dans l'intérêt de l'Allemagne et de ses créanciers, que le total des sommes à payer par elle, à titre de réparation, soit fixé à une date rapprochée.

Elles remarquent que, d'après le protocole joint au Traité, il a été prévu une période de quatre mois à compter de la signature du Traité pendant laquelle l'Allemagne aurait le droit de faire des propositions dans l'ordre d'idées mentionné ci-dessus et conviennent que dans les circonstances actuelles cette période devrait être étendue.

Les puissances représentées à la Conférence conviennent en conséquence de donner à leurs représentants à la Commission des réparations des instrutcions recommandant à cette Commission d'informer l'Allemagne de l'extension du délai accordé par les gouvernements alliés pour l'entrée en vigueur de la disposition qui figure à la lettre du 16 juin 1919, de s'informer auprès de l'Allemagne pour savoir si elle est prête à faire une proposition quant au règlement de ses dettes aux termes du Traité, comme l'envisageait cette lettre, de fixer le plus tôt possible un total définitif du montant à payer par elle à titre de réparations, basé sur sa capacité de paiement, et de prendre des mesures, conformément aux dispositions de l'article 235 du Traité, pour mettre l'Allemagne à même d'obtenir les produits alimentaires et les matières premières qui lui sont indispensables, et si cela est nécessaire, de l'autoriser à émettre à cet effet un emprunt extérieur ayant telle priorité que la commission estimera nécessaire. Elles proposent d'adopter une politique analogue dans le cas de l'Autriche.

DÉCLARATION COMMUNE DES ALLIÉS CLOTURANT LES TRAVAUX DE LA CONFÉRENCE DE SAN-REMO
(26 avril 1920)

L'Allemagne n'a rempli ses engagements ni sur la destruction du matériel de guerre, ni sur la réduction des effectifs, ni pour la fourniture de charbon, ni pour les réparations, ni pour les frais des armées d'occupation. Elle n'a donné ni satisfaction ni excuses pour les attentats dont ont été victimes, à plusieurs reprises, les membres des missions alliées. Elle n'a pris encore aucune mesure pour déterminer, comme cela avait été prévu par le protocole du traité, ses obligations du chef des réparations, en vue de faire des propositions pour fixer le montant total qu'elle devrait payer de ce chef, malgré le caractère urgent que présente un règlement de ce genre dans l'intérêt de toutes les parties en cause. Elle ne paraît même pas avoir examiné comment elle pourrait faire face à ses obligations quand elles viendront à échéance.

Les Alliés n'ignorent pas les difficultés que rencontre le gouvernement allemand, et ne cherchent pas à imposer une interprétation trop étroite du traité, mais ils sont unanimes à déclarer qu'ils ne sauraient tolérer la continuation des infractions au traité de Versailles, que ce traité doit être exécuté et demeure la base des relations de l'Allemagne et des Alliés, et qu'ils sont résolus à prendre toutes mesures, fût ce, si c'est nécessaire, l'occupation d'une nouvelle partie du territoire allemand, ayant pour effet d'assurer l'exécution du traité.

Ils affirment d'ailleurs qu'ils n'ont pas l'intention d'annexer une partie quelconque du territoire allemand.

En même temps, les Alliés estiment que les questions soulevées par les infractions au traité de paix et par les mesures nécessaires pour en assurer l'exécution seront plus aisément résolues par des échanges de vues entre les chefs de gouvernement que par des notes.

Ils décident donc d'inviter les chefs du gouvernement allemand à une conférence directe avec les chefs des gouvernements alliés. Ils demandent que pour la réunion projetée le gouvernement allemand leur présente des explications et des propositions précises sur tous les sujets précités. Si on arrive à un règlement satisfaisant à tous égards, les gouvernements alliés seront disposés à discuter avec les représentants allemands toutes les questions affectant l'ordre intérieur et le bien-être économique de l'Allemagne. Mais l'Allemagne doit comprendre que l'union des Alliés pour l'exécution du traité est aussi étroite qu'elle l'a été pour la guerre, et que le seul moyen de reprendre sa place dans le monde est d'exécuter loyalement les engagements qu'elle a souscrits.

PROJET D'ACCORD SUR LES RÉPARATIONS RÉDIGÉ A BOULOGNE LE 21 JUIN 1920

I

Le total de la dette de l'Allemagne sera fixé comme suit :

1° Coût des armées d'occupation ;

2° Réparations, y compris le remboursement de la dette de guerre de la Belgique (troisième alinéa de l'article 232) :

a) Une annuité de 3 milliards de marks or, commençant à courir du 1er mai 1921, et payable par semestres pendant 42 ans.

b) Une annuité additionnelle commençant à courir du 1er mai 1926, et payable par semestres pendant 37 ans.

Cette annuité additionnelle sera fixée à 3 milliards de marks or pendant les années 1926-27 à 1930-31 inclus, et à 4 milliards de marks or pendant les 32 années suivantes.

Toutefois, la C. R. aura chaque année la faculté de reporter tout ou partie de l'annuité additionnelle, jusqu'à concurrence d'un maximum de 2 milliards de marks or pendant les 32 années suivantes.

Le montant des sommes différées demeure partie intégrante de la dette de l'Allemagne. La C. R. aura tout pouvoir pour fixer équitablement, au moment où elle accordera le délai, les conditions de paiement et les intérêts de retard, en tenant compte de la situation des marchés monétaires et de la capacité de paiement de l'Allemagne. Au cas où de telles décisions aboutiraient à abandonner tout ou partie des intérêts, ou à en fixer le taux au-dessous de celui du marché, elles devront être prises dans les conditions visées à l'article 234, et à l'annexe II, paragraphes 13 et 12 f.

II

L'Allemagne pourra toujours s'acquitter par anticipation. Les versements anticipés qu'elle effectuera seront appliqués par la C. R. à la réduction des annuités subséquentes, lesquelles seront à cet effet escomptées au taux de 8 o/o jusqu'au 1ᵉʳ mai 1922, 7,50 o/o en 1922-1923, 7 o/o en 1923-24, 6,50 o/o en 1924-25, 6 o/o en 1925-26, 5,50 o/o en 1926-27, 5 o/o en 1927-28 et les années suivantes. Toutefois, la C. R. pourra, en tenant compte des différents taux de placement dans le monde, et des conditions dans lesquelles l'Allemagne serait obligée d'emprunter, fixer le taux de capitalisation applicable à chaque versement anticipé jusqu'au 1ᵉʳ mai 1930, à des chiffres différents, dans les limites d'un maximum de 8 o/o.

III

L'Allemagne s'engagera à faire tous ses efforts pour émettre, dans les conditions prévues au paragraphe 6 ci-après, une série d'emprunts pour la réalisation desquels la C. R. lui apportera son concours, et lui assurera des facilités, et qui seront destinés à liquider le total des obligations de réparations dans le plus bref délai possible.

Par application de l'article 248, l'Allemagne pourra, sur autorisation de la C. R. ou sur sa suggestion, affecter en garantie de ces emprunts tels des biens ou ressources de l'empire et des Etats allemands (y compris les douanes), qui paraîtraient utiles à la réussite de ces emprunts.

IV

La C. R. pourra autoriser l'Allemagne à conserver sur le produit de ces emprunts, pour ses propres besoins et pour l'exécution de ses engagements à l'égard de ses créanciers neutres, une portion pouvant aller jusqu'à un maximum de 20 o/o.

V

L'Allemagne s'engagera à ce que ni le gouvernement de l'empire allemand, ni aucun gouvernement d'Etat allemand, ni aucune autorité provinciale ou municipale, ni aucune société contrôlée, etc., ne procède directement ou indirectement à aucune opération de crédit sur un marché extérieur, sans l'approbation de la commission des réparations.

VI

A cet effet, une commission de la dette extérieure allemande sera créée par la C. R. Elle comprendra, en sus des délégués des puissances actuellement représentées à la C. R. un délégué neutre et un délégué allemand. Cette commission siégera en Allemagne.

VII

En garantie de l'exécution intégrale du contrat, l'Allemagne acceptera :

a) De remettre dans un délai de trois mois des titres d'entreprises industrielles allemandes ou **autres titres** qui auraient été approuvés par la C. R., les uns et les autres devant être pris parmi les titres et valeurs déjà émis et cotés. La C. R. fixera le montant de ce dépôt, sans pouvoir dépasser, en ce qui concerne les valeurs industrielles, cinq milliards de marks or. Elle déterminera également, sur proposition du gouvernement allemand, la liste des titres constitués en gage. Dans le cas où l'Allemagne manquerait à faire aucun des paiements ou à accomplir aucune des obligations inscrites au présent contrat, la C. R. pourra vendre, aux risques de l'Allemagne, tout ou partie des titres remis en dépôt. Le produit net de cette réalisation sera porté en atténuation de la dette de l'Allemagne.

b) Que la totalité du produit des douanes allemandes, maritimes et terrestres, soit affectée en gage à l'exécution du contrat.

c) Qu'aucune modification susceptible de diminuer le produit des douanes ne soit apportée, sans l'approbation de la C. R. à la législation ou à la réglementation douanière.

d) Que la totalité des recettes douanières allemandes soit encaissée, pour le compte du gouvernement, par un receveur général des douanes allemandes, nommé par la C. R. ;

e) Qu'au cas où l'Allemagne viendrait à manquer à l'un des paiements prévus dans le contrat :

1° Tout ou partie des douanes allemandes pourra être saisi entre les mains du receveur général des douanes allemandes par la C. R. et affecté par elle à l'exécution des obligations auxquelles l'Allemagne aurait fait défaut. Dans ce cas, la C. R., si elle le juge nécessaire, pourra, par l'intermédiaire de la Commission de la dette extérieure allemande, dont il a été question au paragraphe 6 ci-dessus, assumer elle-même l'administration et la perception des recettes douanières ;

2° La Commission pourra, en outre, inviter le gouvernement allemand à procéder à tels relèvements de tarifs, ou à prendre, pour augmenter ses ressources, telles autres mesures qu'elle estimera indispensables ;

3° Si cette mise en demeure reste sans effet, la Commission pourra déclarer le gouvernement allemand en état de défaillance et signaler cette situation aux gouvernements des puissances alliées et associées, qui prendront telles mesures qu'ils jugeront justifiées.

VIII

Etant donnés les engagements que l'Allemagne accepte de prendre en vertu des paragraphes 3, 5 et 7 ci-dessus, les gouvernements des P. A. et A. s'engagent à ne réclamer la mise en vigueur des clauses des parties 8, 9 et 10 du traité de Versailles, qui donnent des pouvoirs étendus pour intervenir dans la vie financière et économique de l'Allemagne (clauses énumérées dans l'annexe ..... (1), que dans le cas où l'Allemagne ferait défaut aux obligations du contrat des réparations et aux engagements pris conformément aux dispositions précédentes.

----

(1) L'annexe doit être ultérieurement établie, après examen approfondi.

ACCORD DE BOULOGNE

(APPROUVÉ A BRUXELLES LE 2 JUILLET 1920)

Les gouvernements alliés et associés sont d'accord pour admettre l'arrangement ci-après et pour donner à leurs représentants à la Commission des réparations le mandat de proposer l'adoption des mesures que cet arrangement comporte :

ARTICLE Ier

Le paiement des frais d'entretien des armées alliées (et associées) dans les territoires allemands occupés, le remboursement des sommes empruntées par la Belgique aux gouvernements alliés et associés jusqu'au 11 novembre 1918, la réparation des dommages, telles que ces diverses obligations sont mises à la charge de l'Allemagne par les articles 231, 232 et 249 du traité signé à Versailles le 28 juin 1919, seront assurés dans les conditions ci-après :

Le coût des armées d'occupation, tel qu'il est défini à l'article 249 du traité de Versailles, sera acquitté chaque année par l'Allemagne comme première charge, notamment, au moyen des prestations en nature, comme il sera expliqué à l'article 2 ci-après :

Pour satisfaire à son obligation de rembourser la dette de la Belgique, visée au troisième alinéa de l'article 232 du traité de Versailles, et de réparer les dommages prévus aux articles 231 et 232, l'Allemagne versera, en sus des restitutions qu'elle doit effectuer conformément à l'article 238 :

a) Une annuité de 3 milliards de marks or, commençant à courir du 1er mai 1921, et payable par moitié à la fin de chaque semestre pendant quarante-deux ans ;

b) Une annuité additionnelle commençant à courir du 1er mai 1926 et payable par moitié à la fin de chaque semestre pendant trente-sept ans.

Cette annuité additionnelle sera de 3 milliards de marks or pendant les années 1926-1927 à 1930-1931 inclus, et de 4 milliards de marks or pendant les trente-deux années suivantes.

Toutefois, la Commission des réparations aura chaque année la faculté de reporter tout ou partie de l'annuité additionnelle jusqu'à concurrence d'un maximum qui, de 1926-1927 à 1930-1931 inclus, sera de 2 milliards de marks or, et de 3 milliards de marks or pendant les trente-deux années suivantes.

Le montant des sommes reportées demeure partie intégrante de la dette de l'Allemagne. La Commission des réparations aura tout pouvoir pour fixer équitablement, au moment où elle accordera le délai et en tenant compte de la situation des marchés monétaires et de la capacité de paiement de l'Allemagne, les conditions de paiement et d'intérêts. Au cas où de telles décisions aboutiraient à abandonner tout ou partie des intérêts, ou à fixer le taux au-dessous de celui du marché, elles devront être prises dans les conditions visées à l'article 234 et à l'annexe II, paragraphe 12 f. et 13 de la partie VIII du traité de Versailles.

ARTICLE 2

Toutes les prestations en nature, tous les transferts et cessions de droits et intérêts prévus par le traité de Versailles seront exécutés par l'Allemagne :

a) Il sera fait un compte, tant de toutes les prestations en nature qui ont été ou seront fournies jusqu'au 1er mai 1921, à l'exception des restitutions effectuées en vertu de l'article 238 que des sommes qui doivent être portées au crédit de l'Allemagne, en conformité de l'article 243.

Au débit de ce compte seront portés les frais des armées d'occupation jusqu'au 1er mai 1921.

Le solde créditeur, s'il en existe, constituera, pendant cinq ans à la disposition de la commission des réparations, une réserve éventuelle au moyen de laquelle celle-ci sera autorisée à faire face, en cas de défaillance de l'Allemagne, au service de tout ou partie des arrérages des emprunts prévus à l'article 4 ci-après.

En conséquence, le solde créditeur sera divisé en cinq portions égales. Chacune de ces portions, si elle n'est pas absorbée par l'affectation ci-dessus prévue, sera appliquée, en premier lieu au paiement des frais d'occupation, et en second lieu à l'acquittement *pro parte qua* des cinq premières annuités visées à l'article 1 du présent accord.

b) La valeur des prestations effectuées par l'Allemagne après le 1er mai 1921, sera de même appliquée, en premier lieu au paiement des frais d'occupation, et en second lieu à l'acquittement *pro parte qua* des annuités prévues à l'article 1er du présent accord.

ARTICLE 3

L'Allemagne pourra toujours s'acquitter par anticipation. Les versements anticipés qu'elle effectuera seront appliqués par la Commission des réparations à la réduction des annuités subséquentes, lesquelles seront à cet effet, escomptées au taux de : 8 0/0 jusqu'au 1er mai 1923, 7,50 0/0 en 1922/1923, 7 0/0 en 1923/1924, 6,50 0/0 en 1924/1925, 6 0/0 en 1925/1926, 5,50 en 1926/1927, 5 0/0 en 1927/1928 et les années suivantes.

Toutefois, la Commission des réparations pourra, en tenant compte des différents taux de placement dans le monde, et des conditions dans lesquelles seront effectués les emprunts prévus à l'article 4 ci-après, fixer le taux d'escompte applicable à chaque versement anticipé jusqu'au 1er mai 1930, à des chiffres différents, dans les limites d'un maximum de 8 0/0.

ARTICLE 4

L'Allemagne s'engage à faire tous ses efforts pour émettre une série d'emprunts, destinés à lui permettre de se libérer, dans le plus bref délai possible, de ses obligations de réparations, telles qu'elles ont été définies ci-dessus. La Commission des réparations lui prêtera son concours et lui accordera des facilités pour l'émission de ces emprunts.

En vue d'assurer le succès de ces emprunts, et dans la mesure où la Commission des réparations le croirait utile, les puissances alliées autorisent la Commission des réparations à subroger les porteurs des titres de chacun de ces emprunts dans tout ou partie des privilèges accordés par l'article 248 auxdites puissances sur les biens et ressources de l'Allemagne, y compris les douanes.

La Commission des réparations pourra autoriser l'Allemagne à recevoir ou à conserver, tant pour ses propres besoins que pour le remboursement de ses dettes vis-à-vis des neutres, une portion au maximum de 20 0/0 du produit net des emprunts ci-dessus visés

ARTICLE 5

En vue de faciliter l'émission et le service des emprunts prévus à l'article 4 ci-dessus, il sera institué une Commission spéciale, dont la composition sera déterminée par la Commission des réparations, et à laquelle celle-ci pourra déléguer tout ou partie de ses pouvoirs, comme à l'un des comités prévus au paragraphe 7 de l'annexe II de la partie VIII du traité de Versailles.

Le gouvernement allemand et les porteurs de titres des emprunts seront représentés dans ladite Commission.

Cette Commission siégera en Allemagne.

ARTICLE 6

L'Allemagne ne procédera directement ou indirectement à aucune opération de crédit hors de son territoire national sans l'approbation de la Commission des réparations. Cette disposition s'entend du gouvernement de l'empire allemand ou des gouvernements des États allemands, ou des autorités provinciales ou municipales allemandes, ou des Sociétés ou entreprises contrôlées par lesdits gouvernements et autorités.

ARTICLE 7

En garantie de l'exécution intégrale par elle des dispositions contenues dans le présent arrangement :

a) L'Allemagne remettra dans un délai de trois mois, des titres d'entreprises industrielles allemandes ou autres titres qui auraient été approuvés par la Commission des réparations, les uns et les autres devant être pris parmi les titres et valeurs déjà émis et cotés. La Commission des réparations fixera le montant de ce dépôt, sans pouvoir dépasser, en ce qui concerne les valeurs industrielles, 5 milliards de marks or. Elle déterminera également, après avoir entendu le gouvernement allemand, la liste des titres constitués en gages. Dans le cas où l'Allemagne manquerait à faire aucun des paiements ou à accomplir aucune des obligations inscrites dans le présent arrangement, la Commission des réparations pourra vendre, aux risques de l'Allemagne, tout ou partie des titres remis en gage. Le produit net de cette réalisation sera porté en atténuation de la dette de l'Allemagne et imputé sur les annuités prévues à l'article premier ci-dessus, dans les conditions fixées par la Commission des réparations.

b) La totalité du produit des douanes allemandes maritimes et terrestres, y compris notamment le produit de tous droits d'importation et d'exportation, et de tous droits accessoires, sera affectée en gage de l'exécution du présent accord.

Aucune modification susceptible de diminuer le produit des douanes ne sera apportée sans l'approbation de la Commission des réparations à la législation ou à la réglementation douanières de l'Allemagne.

La totalité des recettes douanières allemandes sera encaissée pour le compte du gouvernement allemand, par un receveur général des douanes allemandes, nommé par la Commission des réparations, et sans préjudice des subrogations prévues à l'article 4, alinéa 11 ci-dessus.

c) Au cas où l'Allemagne viendrait à manquer à l'un des paiements prévus dans le présent arrangement :

1° Tout ou partie du produit des douanes allemandes pourra être saisi entre les mains du receveur général des douanes allemandes par la Commission des réparations et affecté par elle à l'exécution des obligations auxquelles l'Allemagne aurait fait défaut. Dans ce cas, la Commission des réparations, si elle le juge nécessaire, pourra, par l'intermédiaire de la Commission dont il est question à l'article 5 ci-dessus, assurer elle-même l'administration et la perception des recettes douanières ;

2° La Commission des réparations pourra, en outre, inviter le gouvernement allemand à procéder à tels relèvements de tarifs ou à prendre, pour augmenter ses ressources, telles autres mesures qu'elle estimera indispensables ;

3° Si cette mise en demeure reste sans effet, la Commission pourra déclarer le gouvernemnt allemand en état de défaillance, et signaler cette situation aux gouvernements des puissances alliées et associées, qui prendront telles mesures qu'ils jugeront justifiées.

ARTICLE 8

Etant donné les engagements que l'Allemagne accepte de prendre en vertu des articles 4, 6 et 7 ci-dessus, les gouvernements des puissances alliées et associées s'engagent à ne réclamer la mise en vigueur des clauses du traité de Versailles qui leur donnent à eux-mêmes ou à la Commission des réparations, des pouvoirs étendus pour intervenir dans la vie financière et économique de l'Allemagne (clauses dont la liste sera établie ultérieurement) que dans le cas où l'Allemagne ferait défaut aux obligations et aux engagements pris conformément aux dispositions précédentes.

ARTICLE 9

Les dispositions qui précèdent ne sont pas applicables à la Pologne. Les droits à la réparation des dommages subis par cette dernière, en tant que partie intégrante de l'ancien empire de Russie, demeurent réservés conformément à l'article 116 du traité de Versailles et à l'article 87 du traité de Saint Germain.

Les sommes dont la Pologne devra créditer l'Allemagne et l'Autriche en exécution de l'article 243 du traité de Versailles et de l'article 189 du traité de Saint-Germain seront inscrites provisoirement à des comptes d'attente qui porteront intérêts à 5 o/o l'an.

PROTOCOLE POUR LE CHARBON
(*Spa, le 16 juillet 1920*)

I. Le gouvernement allemand s'engage, à partir du 1er août 1920 et pour les six mois à venir, à mettre chaque mois à la disposition des Alliés 2 millions de tonnes de charbon, quantité approuvée par la Commission des réparations.

II. Les gouvernements alliés porteront au compte des réparations la contre-valeur de ce charbon, venant par voie de fer ou par eau, évaluée au prix intérieur allemand, conformément au paragraphe 6, littéra *a)* de l'annexe V de la partie VIII du traité de Versailles. En outre, comme contre-partie de la faculté reconnue aux Alliés de se faire livrer des charbons classés et qualifiés, une prime de 5 marks or par tonne payable en espèces, par la partie prenante, sera affectée à l'acquisition de denrées alimentaires pour les mineurs allemands.

III. Pendant la durée des livraisons de charbon ci-dessus, les dispositions prévues par les paragraphes II, III et IV du projet de protocole du 11 juillet 1920 relatives au contrôle, seront mises immédiatement en vigueur dans la forme modifiée conformément au texte de l'annexe ci-joint.

IV. Il sera conclu sans délai entre les Alliés un accord sur la répartition de la production du charbon de Haute-Silésie par une Commission auprès de laquelle l'Allemagne sera représentée. Cet accord sera soumis à l'approbation de la Commission des réparations.

V. Il sera réuni sans délai, à Essen, une commission où les Allemands seront représentés. Son objet sera de rechercher par quels moyens peuvent être améliorées les conditions de vie des mineurs au point de vue de la nourriture et de l'habillement, et en vue d'une meilleure exploitation des mines.

VI. Les gouvernements alliés se déclarent prêts à consentir à l'Allemagne, pendant la période de six mois envisagée ci-dessus, une avance dont le montant sera égal à la différence entre le prix payé en exécution du paragraphe II et le prix *f. o. b.* d'exportation du charbon allemand dans les ports allemands, ou le prix d'exportation anglais *f. o. b.* dans les ports anglais, et dans tous les cas le plus bas de ces prix, ainsi qu'il est spécifié au paragraphe VI *b* de l'annexe V de la partie VIII du traité de Versailles.

Ces avances seront faites en conformité des articles 235 et 251 du traité de Versailles ; lesdites avances jouiront d'une priorité absolue sur toutes autres créances des Alliés vis-à-vis de l'Allemagne. Les avances seront faites à la fin de chaque mois, suivant le nombre de tonnes livrées et le prix moyen *f. o. b.* du charbon pendant cette période. Des avances seront faites en compte par les Alliés, dès la fin du premier mois, sans attendre les chiffres exacts.

VII. Si, à la date du 15 novembre 1920, il était constaté que le total des livraisons d'août, septembre et octobre 1920 n'a pas atteint 6 millions de tonnes, les Alliés procéderaient à l'occupation d'une nouvelle partie du territoire allemand, région de la Rhur ou toute autre.

ANNEXE

I. Une délégation permanente de la Commission des réparations sera installée à Berlin. Elle aura pour mission de s'assurer, par les moyens suivants, que les livraisons de charbon prévues à l'arrangement du 15 juillet 1920 soient effectuées.

Les programmes de répartition générale de la production, avec détails de provenance et de qualités, d'une part, et les ordres destinés à assurer les livraisons aux puissances alliées, d'autre part, seront établis par les autorités allemandes compétentes et soumis par elles aux organismes d'exécution.

II. Aucune modification dans lesdits programmes, qui serait susceptible d'entraîner une réduction dans les livraisons aux Alliés, ne pourra entrer en vigueur sans le visa préalable de la délégation de la Commission des réparations à Berlin.

III. La Commission des réparations, à qui le gouvernement devra périodiquement rendre compte de l'exécution par les autorités compétentes des ordres donnés pour les livraisons aux Alliés, signalera aux puissances intéressées toute infraction aux principes ci-dessus adoptés.

Signé : MM. Léon DELACROIX.
HYMANS.
Dr. LLOYD GEORGE.
A. MILLERAND.
C. SFORZA.
S. CHINDA.
C. FEHRENBACH.
SIMONS.

Le secrétaire général de la Conférence de Spa,
Signé : ROLIN-JACQUEMYNS.

ARRANGEMENT INTERALLIÉ CONCERNANT LES AVANCES A FAIRE AU GOUVERNEMENT ALLEMAND EN CONFORMITÉ DU PROTOCOLE DU 16 JUILLET 1920 RELATIF AUX LIVRAISONS DE CHARBON.

Les soussignés, agissant respectivement au nom de la France, de la Grande-Bretagne, de l'Italie, ainsi que de la Belgique, conviennent par les présentes des dispositions suivantes :

1° Des avances seront faites au gouvernement allemand en conformité du protocole concernant les livraisons de charbon aux Alliés par l'Allemagne, signé à la date de ce jour, et les gouvernements signataires prennent chacun la responsabilité d'effectuer lesdites avances dans les proportions suivantes :

France .... 61 o/o
Grande-Bretagne .... 24 o/o
Italie .... 7 o/o
Belgique .... 8 o/o

2° Lesdites avances seront remboursées, avec intérêt au taux de 6 o/o l'an, au plus tard le 1er mai 1921 sur les premiers payements fait en espèces par le gouvernement allemand au titre des réparations ; elles s'ajouteront aux charges incombant au gouvernement allemand, en vertu du traité de Versailles ou de tous accords complémentaires, et jouiront (sous réserve de l'approbation de la Commission des réparations en vertu de l'article 248 dudit traité) d'une priorité absolue sur ces autres charges.

Spa, le 16 juillet 1920.

Signé : Léon DELACROIX.
HYMANS.
A. MILLERAND.
Dr. LLOYD GEORGE.
C. SFORZA.

ACCORD ENTRE LES ALLIÉS POUR LE RÈGLEMENT DE CERTAINES QUESTIONS RELATIVES A L'APPLICATION DES TRAITÉS DE PAIX ET AUX ACCORDS COMPLEMENTAIRES CONCLUS AVEC L'ALLEMAGNE, L'AUTRICHE, LA HONGRIE ET LA BULGARIE.

(Spa, 16 juillet 1920.)

Les gouvernements de la Belgique, de la France, de la Grande-Bretagne, de l'Italie, du Japon et du Portugal, respectivement représentés par les soussignés, reconnaissant qu'il y a un intérêt général à régler entre eux, dès à présent, certaines questions soulevées par l'application des traités de paix et accords complémentaires conclus avec l'Allemagne, l'Autriche, la Bulgarie et la Hongrie, ont convenu des dispositions qui suivent :

PARTIE I

ARTICLE PREMIER

En conformité de l'article 237 du traité de paix de Versailles les sommes reçues de l'Allemagne à titre de réparations, seront réparties suivant les proportions ci-après :

Empire britannique	22 o/o
France	52 o/o
Italie	10 o/o
Japon	0,75 o/o
Belgique	8 o/o
Portugal	0,75 o/o

6,5 o/o sera réservé à la Grèce, à la Roumanie, et à l'Etat serbe-croate-slovène, ainsi qu'aux puissances non signataires du présent arrangement, admises au bénéfice des réparations.

ARTICLE 2

L'ensemble des sommes reçues de l'Autriche, de la

Bulgarie et de la Hongrie, ainsi que les sommes reçues de l'Italie, de la Roumanie, de l'Etat serbe-croate-slovène et de l'Etat tchéco-slovaque, en exécution des arrangements des 10 septembre et 8 décembre 1919, sera réparti comme suit :

a) Une moitié sera répartie entre les gouvernements alliés mentionnés à l'article 1er et suivant les proportions fixées par ledit article;

b) Sur l'autre moitié, l'Italie recevra 40 o/o et 60 o/o sera réservé à la Grèce, à la Roumanie et à l'Etat serbe-croate-slovène, ainsi qu'aux puissances non signataires du présent arrangement, admises au bénéfice des réparations.

PARTIE II

ARTICLE 3

Les gouvernements alliés reconnaissent qu'il est de l'intérêt général de fixer le montant total des obligations mises à la charge de l'Allemagne par les articles 231 et 232 du traité de Versailles, et d'en régler le mode d'exécution sur la base d'un arrangement comportant :

1° La fixation d'annuités à payer par l'Allemagne;

2° La possibilité pour l'Allemagne de se libérer par anticipation en escomptant tout ou partie desdites annuités;

3° L'émission par l'Allemagne d'emprunts, destinés tant au besoin propre de ce pays qu'au prompt acquittement de sa dette à l'égard des puissances alliées.

Les gouvernements alliés se déclarent disposés à prendre entre eux, telles mesures qu'ils jugeront propres à faciliter un arrangement de cette nature.

PARTIE III

ARTICLE 4

1 Pour chacune des puissances alliées, la Commission des réparations dressera, dans la forme suivante, un compte établi au 1er mai 1921.

1er MAI 1921

CRÉDIT

a) Coût jusqu'au 1er mai 1921 des armées d'occupation;

b) Sommes avancées à la Belgique avant le 11 novembre 1918, y compris les intérêts jusqu'au 1er mai 1921.

DÉBIT

d) Sommes reçues en acompte sur le coût des armées d'occupation;

e) Valeur des prestations en nature jusqu'au 1er mai 1921 à l'exclusion des restitutions effectuées en vertu de l'article 238 du traité de Versailles.

c) Valeur actuelle de la créance réparations.

f) Sommes à porter au crédit de l'Allemagne en exécution de l'article 243 dudit Traité, à l'exclusion des soldes définitifs visés aux Sections III et IV de la partie X (clauses économiques) et à l'exclusion également de toutes sommes reçues par la Commission des réparations et affectées en vertu de l'article 5, paragraphe *a)*, du présent arrangement, au droit de priorité de la Belgique.

Si le paiement de la dette de réparations de l'Allemagne consiste en annuités ou en paiements périodiques susceptibles d'être escomptés, la somme apportée dans la colonne *crédit* pour la valeur actuelle de la créance réparations visée sous la lettre *c)* sera établie pour chaque puissance en escomptant à 5 o/o la part attribuée à cette puissance dans les annuités ou paiements périodiques mis à la charge de l'Allemagne, à moins que cette part ait été, par exception, fixée en capital.

Si, au moment de l'établissement du compte, les soldes à inscrire dans la colonne *débit* sous la lettre *f)* n'ont pas été définitivement fixés, la Commission des réparations en fera une estimation provisoire. Au moment où interviendra la détermination définitive, la Commission opèrera dans les écritures les redressements nécessaires.

2° Si le compte, établi pour une puissance comme il est dit ci-dessus, fait ressortir que le montant des sommes inscrites au *débit* sous les lettres *d) e)* et *f)*, est supérieure au montant total des sommes inscrites au *crédit* sous les lettres *a), b)* et *c)*, la Commission des réparations notifiera à cette puissance le montant de l'excédent constaté et ladite puissance en effectuera le reversement à la Commission des réparations dans un délai de trois mois à dater de la notification.

3° Dans tous les cas, et après le reversement ci-dessus prévu s'il y a lieu, tout excédent des sommes inscrites au *débit*, lettres *d), e)* et *f)*, sur les sommes inscrites au *crédit* sous la lettre *a)* sera conservé aux effets ci-après :

a) En ce qui concerne la Belgique, l'excédent sera considéré comme un acompte sur les 2 milliards 1/2 de francs or, qui lui sont dus par priorité ;

b) En ce qui concerne chacune des puissances alliées, autres que la Belgique, l'excédent sera considéré comme une avance remboursable ainsi qu'il est dit plus loin, et portant jusqu'au remboursement un intérêt annuel de 5 0/0, qui sera inscrit au crédit du compte spécial d'intérêts, dont il est question au paragraphe 4.

Les sommes ainsi considérées comme des avances constitueront un fonds de réserve éventuelle pour permettre à la Commission des réparations de faire face, en cas de défaut de l'Allemagne et pendant cinq ans, au service de tout ou partie des arrérages des emprunts allemands prévus à l'article 3 ,paragraphe 3 du présent arrangement.

L'excédent, dont il vient d'être question, sera, pour chacune des puissances intéressées divisé en cinq portions égales, respectivement applicables à chacune desdites cinq années.

Si, pour une année la portion applicable n'est pas absorbée par le service des emprunts allemands cette portion recevra dans l'ordre ci-après, les affectations suivantes :

(I) Acquittement des sommes dues par l'Allemagne à ladite puissance au titre du coût des armées d'occupation ;

(II) Acquittement des sommes, capital ou intérêts,

dues par la Belgique à ladite puissance à titre de sommes avancées avant le 11 novembre 1918;

(III) Acquittement de l'annuité, s'il y en a une, due par l'Allemagne, à ladite puissance;

(IV) En ce qui concerne l'Italie et le Japon, acquittement par anticipation de futurs versements des annuités dues à ces puissances (en commençant par les versements les plus proches) à tel taux d'escompte n'étant pas inférieur à 5 0/0, qui de temps à autre sera fixé d'accord entre lesdites puissances et la Commission des réparations.

Tout solde, non absorbé par les affectations ci-dessus, sera versé à la Commission des réparations pour être réparti par elle en l'acquit de l'Allemagne entre les puissances alliées admises aux bénéfices des réparations, et suivant les proportions fixées à l'article 1ᵉʳ.

4. Les intérêts des avances feront l'objet d'un compte spécial établi pour chaque puissance. Le solde créditeur de ce compte sera réparti entre les puissances autres que la Belgique, suivant les proportions fixées à l'article 1ᵉʳ, sur lequel on inscrira à partir du 1ᵉʳ mai les intérêts des avances visées au paragraphe 3.

ARTICLE 5

En considération des sacrifices faits dans l'intérêt général par toutes les puissances créancières de l'Allemagne afin d'assurer le succès des emprunts visés à l'article 3, et pour prévenir toutes difficultés dans les règlements financiers interalliés, la Belgique accepte, et il est entendu par les présentes, que la somme de 2 milliards et demi de francs or, qu'elle doit recevoir par priorité en vertu de l'arrangement du 16 juin 1919, lui soit assurée dans les conditions ci-après :

La Belgique conservera, comme il est dit à l'article 4 du présent arrangement, l'excédent, sur le coût de ses armées d'occupation, des prestations en nature et des transferts de droits et intérêts allemands, dont elle aura bénéficié avant le 1ᵉʳ mai 1921. Le surplus des 2 milliards et demi de francs or sera prélevé comme il suit, après remboursement du coût des armées d'occupation qui n'aurait pas été effectué comme il est prévu à l'article 4 et jusqu'à ce que la priorité reconnue à la Belgique ait été épuisée :

a) Jusqu'au 1ᵉʳ mai 1921, sur tous payements en espèces reçus par la Commission des réparations en conformité à l'article 243, et notamment aux titres ci-après :

1° Remboursements à effectuer dans les conditions spécifiées à l'article 4, par chacune des puissances alliées qui auraient reçu des prestations en nature ou des transferts de droits ou d'intérêts allemands visés à l'article 243 du traité de Versailles, pour une valeur supérieure à celle de ses créances sur l'Allemagne du fait de ses droits éventuels au paiement du coût de ses armées d'occupation, ainsi qu'à la réparation des dommages subis, et au remboursement des sommes que cette puissance aurait avancées à la Belgique jusqu'au 11 novembre 1918;

2° Règlement du solde définitif en faveur de l'Allemagne des offices de vérification et de compensation prévus à l'article 296 du traité de Versailles, et versement du produit de la liquidation des biens, droits et intérêts allemands détenus par les puissances alliées sur leurs territoires respectifs, effectué à la Commission des réparations de la manière indiquée à l'article 297, paragraphe *h*, dudit traité;

3° Reprise, conformément à l'article 254 du traité de Versailles, d'une part de la dette de l'Empire ou d'un Etat allemand par le Danemark (Sleswig), la Tchéco-Slovaquie, ou la ville libre de Dantzig.

4° Acquisition, conformément à l'article 256 du traité de Versailles, des biens et propriétés de l'Empire et des Etats allemands par le Danemark (Sleswig), la Tchéco-Slovaquie, ou la ville libre de Dantzig, dans les territoires allemands qui leur sont transférés ;

5° Acquisition, en vertu de l'article 260 du traité de Versailles, des droits ou intérêts allemands dans des entreprises d'utilité publique ou dans des concessions acquises dans les pays et territoires visés audit article ;

6° Vente des armes, munitions, matériel de guerre et outillage, qui doivent être détruits en vertu de l'article 169 du traité de Versailles ;

7° Vente au Luxembourg du charbon allemand livré conformément aux dispositions de l'annexe V, paragraphe V, partie VIII (réparations) du traité de Versailles.

8° Répartition ou vente des matières colorantes et produits chimiques pharmaceutiques livrés par l'Allemagne dans les conditions prévues à l'Annexe VI, Partie VIII (Réparations), du traité de Versailles.

b) Après le 1er mai 1921, sous réserve du payement par priorité du coût des armées d'occupation, sur la valeur de toutes livraisons ou de tous versements effectués par l'Allemagne, et de tous autres versements faits à la Commission des réparations et en état d'être distribués ;

c) Jusqu'à concurrence de la somme indiquée plus bas, sur le produit du premier emprunt allemand et éventuellement sur le produit des emprunts suivants. La Belgique reconnaît, en effet, qu'en vue d'assurer le succès des emprunts, il convient d'intéresser le plus grand nombre possible de créanciers de l'Allemagne à ce succès et de ne pas réserver à une seule puissance la quasi totalité du produit. Déduction faite de la part réservée à l'Allemagne sur le produit de ces emprunts, la Belgique touchera, s'il y a lieu, jusqu'à concurrence de 50 o/o dudit produit ;

d) Si le payement de la dette de réparations de l'Allemagne est prévu sous forme d'annuités, les sommes versées à la Belgique à titre d'acompte, en vertu de son droit de priorité, viendront en déduction de la part de cette puissance dans les annuités restant à courir ou dans les versements anticipés que l'Allemagne ferait ultérieurement. Cette déduction sera établie de telle manière que la part de la Belgique dans la valeur actuelle des versements reçus ou à recevoir de l'Allemagne, soit exactement conforme au pourcentage établi par l'article Ier du présent arrangement.

ARTICLE 6

I. L'Allemagne ayant, par l'Annexe III de la Partie VIII (Réparations) du traité de Versailles, et l'Autriche et la Hongrie ayant, par des dispositions correspondantes des traités de Saint-Germain et de Trianon, reconnu le droit des puissances alliées et associées au remplacement, tonne par tonne et catégorie pour catégorie, de tous les navires de commerce et bateaux de pêche perdus ou endommagés par faits de guerre et étant donné la grande difficulté de fixer une valeur équitable pour les navires livrés sans avoir tout d'abord procédé à une vente réelle de la majorité de ces navires, il est convenu ce qui suit :

La vente des navires attribués à l'Empire britannique sera effectuée avant le 1ᵉʳ mai 1921 par la Commission des réparations sur le marché britannique et ces navires ne seront adjugés qu'à des ressortissants britanniques.

Le montant des sommes qui seront à porter au crédit de la puissance ex-ennemie et au débit de l'Empire britannique relativement aux navires de commerce et aux bateaux de pêche qui lui seront attribués ou ultérieurement transférés en vertu d'arrangements interalliés sera, sous réserve des règlements de compte rendus nécessaires par les réparations ou les dépenses de livraison, le montant du prix réel réalisé par lesdites ventes.

En ce qui concerne les autres puissances, le montant des sommes à porter à leur débit, relativement aux navires de commerce et aux bateaux de pêche qui leur sont attribués ou leur seront ultérieurement transférés en vertu d'arrangements interalliés, sera la moyenne des prix, sous réserve de règlements de compte comme ci-dessus, réalisés par la vente de navires similaires de chaque classe sur le marché britannique.

Les valeurs ainsi déterminées seront portées au débit de la puissance alliée et au crédit de la puissance ex-ennemie intéressée, sous les dates suivantes :

En ce qui concerne l'Allemagne, sous la date du 10 janvier 1920 ou à la date de la livraison du navire si celle-ci est ultérieure ; en ce qui concerne l'Autriche et la Hongrie, sous les dates respectives de l'entrée en vigueur des traités de paix avec ces pays.

Un intérêt annuel de 5 o/o à partir de ces dates, et jusqu'à la date de la vente, ou jusqu'au 1ᵉʳ mai 1921 si les navires ne sont pas vendus avant cette date, sera porté au débit de l'Empire britannique au titre des navires qui lui sont attribués ou transférés, et au crédit du compte spécial d'intérêts prévu à l'article 4.

En ce qui concerne chacune des autres puissances, une somme globale sera portée au débit de cette puissance à titre d'intérêt et portée au crédit du compte spécial d'intérêts. Cette somme présentera, vis-à-vis de la somme totale portée au débit de l'Empire britannique à titre d'intérêts, la même proportion que la valeur du montant total du tonnage attribué ou transféré à cette puissance présente vis-à-vis de la valeur du tonnage attribué ou transféré à l'Empire britannique.

2. Aucune somme ne sera portée au débit d'une puissance alliée, à laquelle des navires allemands auraient été attribués, pour l'utilisation de ces navires postérieurement à la date de la mise en vigueur des traités respectifs.

3. Dans le cas des navires transférés, la location de ces navires jusqu'à leur transfert sera payée aux puissances transférantes par la puissance à qui les navires sont transférés. Les payements seront effectués en déduisant le montant du prix de location, plus 5 o/o d'intérêts par an, à partir de la date du transfert, des premiers payements soumis au pourcentage, autres que les payements en nature ou services rendus, et qui auraient été reçus par la puissance à qui les navires ont été transférés, soit de l'Allemagne, soit de l'Autriche, soit de la Hongrie, quelle que soit celle de ces puissances qui effectue les premiers versements. Le montant ainsi déterminé sera ajouté au premier payement soumis au pourcentage et reçu par la puissance transférante.

4. Après l'allocation finale du tonnage par la Commission des réparations, la Belgique recevra sur les parts des autres puissances participant à la répartition du tonnage une quantité de tonnage suffisante pour lui constituer une allocation équivalente, tonne pour tonne, au tonnage des navires condamnés après l'armistice par la Cour des prises belge. Le tonnage ainsi alloué sera approximativement du même âge, du même type et de la même valeur que les navires condamnés. La contribution de chacune des puissances transférantes sera en proportion de ses réclamations admises à l'allocation, tonne pour tonne du tonnage ex-ennemi.

La valeur des navires alloués ou transférés à la Belgique sera portée au débit des puissances transférantes dans la proportion suivant laquelle elles contribuent au transfert de ces navires.

La condamnation des navires ci-dessus visés par la Cour des prises belge n'étant pas reconnue par les puissances alliées, la Belgique, tout en maintenant la validité de ces jugements, et en considération du transfert de tonnage mentionné dans le présent paragraphe 4, s'engage à ne réclamer aucun droit sur lesdits navires, en se prévalant de leur condamnation.

ARTICLE 7

Aucune somme ne sera portée au crédit de l'Allemagne pour les croiseurs légers, les docks flottants et le matériel livré ou à livrer en exécution du protocole du 10 janvier 1920, en compensation des bâtiments de guerre coulés.

En ce qui concerne les bâtiments allemands coulés, qui ont été ou seront renfloués, toute puissance qui en a reçu ou en recevra l'attribution tiendra compte des frais de sauvetage à la puissance qui aura supporté ces frais.

ARTICLE 8

Aucune somme ne sera portée au crédit de l'Allemagne relativement au produit de la vente des bâtiments de guerre et du matériel naval de guerre livré en conformité des clause navales du traité de Versailles, y compris la valeur du produit de la vente du matériel naval de guerre qui a pu ou pourra être effectué par la Commission des réparations à la requête du Conseil suprême. Ces sommes seront réparties entre les puissances alliées, suivant la proportion qui a été approuvée par le Conseil suprême pour le matériel livré en vertu du protocole du 10 janvier 1920.

ARTICLE 9

L'Italie aura la faculté, par priorité sur toutes les autres puissances alliées, de retenir, en compensation des sommes à elle dues par l'Autriche, la Bulgarie et la Hongrie, au titre du coût des armées d'occupation et au titre des réparations, une somme égale à celle dont la Commission des réparations pourra la déclarer comptable vis-à-vis d'elle en raison de la valeur des biens transférés et des services rendus jusqu'au 1er mai 1921, conformément à l'article 189 et annexes III, IV et V de la partie VIII (réparations) du traité de Saint-Germain, et des dispositions correspondantes du traité de Trianon, ainsi qu'en raison des dettes visées dans l'arrangement de Saint-Germain du 10 septembre 1919, modifié à Paris le 8 décembre 1919, relatif au compte de réparations en ce qui concerne l'Italie. Cette puissance n'aura, par suite, à émettre les bons prévus à l'article 4 dudit arrangement que si et en temps que sa dette ne se trouve pas avoir été éteinte par compensation comme il est dit ci-dessus.

ARTICLE 10

Les dispositions du présent arrangement ne sont pas applicables à la Pologne. Les droits à la réparation des dommages subis par cette dernière, en temps que partie intégrante de l'ancien empire de Russie, demeurent réservés conformément à l'article 116 du traité de Versailles et à l'article 87 du traité de Saint-Germain.

Les sommes dont la Pologne devra créditer l'Allemagne et l'Autriche, en exécution de l'article 243 du traité de Versailles et de l'article 189 du traité de Saint-Germain, seront inscrites provisoirement à des comptes d'attente qui porteront intérêts à 5 o/o l'an.

ARTICLE 11

Les dispositions du présent arrangement ne pourront porter atteinte à l'exécution des stipulations de l'article 232, paragraphe 3, du traité de Versailles.

Le montant des sommes empruntées par la Belgique jusqu'au 11 novembre 1918, y compris l'intérêt desdites sommes à 5 o/o l'an jusqu'à la date du remboursement, sera imputé immédiatement après le payement des 2 milliards 1/2 de francs or visés à l'article 5, par portions, autant que possible égales, sur les sommes payées chaque année par l'Allemagne avant le 1er mai 1926.

Les versements anticipés de l'Allemagne ne seront pas affectés à l'escompte de cette partie des annuités.

ARTICLE 12

Rien dans le présent arrangement ne portera atteinte au droit des puissances alliées d'obtenir le remboursement des crédits de ravitaillement consentis par eux aux puissances anciennement ennemies.

ARTICLE 13

La question de la réduction du coût des armées d'occupation à une base uniforme pour toutes les puissances alliées ou associées est réservée afin de pouvoir être discutée avec les Etats-Unis d'Amérique.

Spa, le 16 juillet 1920.

Signé : Léon DELACROIX (*Belgique*).
A. MILLERAND (*France*).
D. LLOYD GEORGE (*Grande-Bretagne*).
C. SFORZA (*Italie*).
I. CHINDA (*Japon*).
Affonso COSTA (*Portugal*).

Le secrétaire général de la Conférence de Spa,
Signé : ROLIN-JAEQUEMYNS

ACCORD FRANCO-BRITANNIQUE RELATIF A L'EXÉCUTION DU PROTOCOLE DE SPA SUR LE CHARBON.

Boulogne-sur-Mer, le 27 juillet 1920.

1° Les gouvernements de la Grande-Bretagne et de la France conviennent de demander à la Commission des réparations d'assurer l'exécution des arrangements conclus à Spa le 16 juillet 1920 relativement aux livraisons de charbon à effectuer par l'Allemagne et aux avances à faire par les puissances alliées en contre-partie de ses livraisons de charbon.

2° En cette qualité, la Commission des réparations serait notamment chargée par les deux gouvernements alliés de faire, pour le compte de ces gouvernements, les avances prévues par les accords sus-visés et toutes opérations dérivant de ses avances.

Elle aura, en conséquence, tous pouvoirs pour déterminer le montant de ces avances.

3° Le 1er septembre 1920 l'Allemagne fera à la Commission des réparations une remise provisionnelle de Bons du Trésor allemand d'un montant de 60 millions de marks or, à l'échéance du 1er mai 1921 et portant intérêt à 6 o/o l'an.

4° La Commission des réparations, après avoir pris les instructions des gouvernements intéressés et en conformité de ces instructions se procurera les ressources nécessaires correspondantes à ces bons, par tous les moyens de vente ou de mobilisation qui lui paraîtraient opportuns, en particulier par la vente des bons allemands prévus au paragraphe précédent avec ou sans endos des différentes puissances intéressées.

5° Après le 1er septembre 1920, l'Allemagne remettra à la Commission des réparations, au fur et à mesure des livraisons de charbon effectuées par elle et des avances consenties par les gouvernements alliés intéressés, des bons similaires à ceux qui ont été prévus au paragraphe III ci-dessus, portant intérêt à 6 o/o l'an et à l'échéance du 1er mai 1921, étant entendu que la Commission des réparations procédera, au préalable, aux ajustements nécessaires entre le montant des livraisons de charbon réellement effectuées par l'Allemagne et les avances faites par les gouvernements intéressés.

En vue de déterminer plus· rapidement le montant des avances à consentir par les gouvernements des puissances intéressées, la Commission des réparations pourra fixer provisoirement et sous réserve d'un ajustement ultérieur, la quotité de l'avance mensuelle à faire à l'Allemagne, sur la base de 40 marks or par tonne de charbon effectivement livrée par l'Allemagne par voie de terre ou par eau au cours du mois précédent.

Signé : LLOYD GEORGE.
MILLERAND.

RAPPORT DES EXPERTS A LA CONFERENCE DE BRUXELLES AUX GOUVERNEMENTS ALLIÉS

(18 janvier 1921).

B. *Suggestions soumises à l'approbation des gouvernements alliés*

Prenant en considération le danger de fixer le total de la dette allemande à un chiffre que l'avenir démontrerait comme ayant été fixé trop bas, les experts de Bruxelles ne peuvent, malgré le mauvais état actuel des conditions financières de l'Allemagne, prendre la responsabilité de suggérer un montant plus faible que celui qui a été indiqué dans le projet de Boulogne.

Considérant en outre qu'un plan de versement d'annuités sera adopté par les gouvernements alliés, conformément aux lignes générales de ce projet, les suggestions suivantes sont faites pour simplifier et rendre plus effective la procédure de réparations.

I. Comme il a été prévu dans le projet de Boulogne, l'Allemagne payerait pendant la prochaine période de cinq années des annuités de l'ordre de grandeur de trois milliards de marks or.

Les détails d'application pour cette période transitoire (répartition en annuités égales ou inégales), seront étudiés et réglés à Bruxelles.

II. On peut envisager le payement de ces annuités par des livraisons en nature et des versements en espèces, en y comprenant ceux qui proviendraient d'un pourcentage à retenir sur le produit des ventes faites à l'extérieur par certaines grandes organisations allemandes. (Voir l'annexe.)

Le principe d'un minimum de payements en espèces sera posé.

Suppression des avances faites par les Alliés en contre-partie des livraisons de charbon. Détermination par la Commission des réparations de règles précises pour l'évaluation du prix des livraisons en nature spécifiées par le traité, le prix des autres fournitures étant déterminé dans les accords spéciaux qui interviendront à cet effet.

III. *Gages et garanties*. — 1. L'annuité est d'abord garantie par le privilège établi par l'article 248 du traité de Versailles. Toutefois, aussi longtemps que l'annuité sera payée, aucune intervention administrative dans les finances publiques allemandes ne pourra résulter de ce privilège.

2. L'Allemagne s'engage à établir des taxes spéciales si ses revenus sont insuffisants. On peut envisager en particulier des taxes indirectes (sur l'alcool, le charbon, etc.) et des taxes douanières.

3. L'Allemagne reconnaîtra aux Alliés le droit de saisir et gérer ses douanes au cas où elle n'exécuterait pas ses obligations et seulement dans ce cas. Les Alliés pourront également imposer à l'Allemagne la suppression de certaines dépenses et en particulier, comme le reconnaît le traité de Versailles, paragraphe 12 de l'annexe II de la partie VIII, la suspension du service et de l'amortissement de la dette intérieure.

IV. *Haute-Silésie*. — Un contrôle interallié de la distribution du charbon après le plébiscite sera établi, afin d'assurer une répartition équitable du charbon. La Commission des réparations a procédé déjà à des études très complètes sur la question et elle a en mains tous les éléments utiles : il en ressort qu'il ne faut pas exagérer l'importance de la Haute-Silésie pour la vie économique de l'Allemagne, si l'on adopte des mesures dans le genre de celle dont il vient d'être question.

V. *Allégements possibles dans les modalités d'application du traité*. — Il doit être précisé tout d'abord qu'aucune concession ne peut être envisagée sur les points suivants :

a) Limitation des prochains payements de réparation à des livraisons en nature et remise des annuités ultérieures de tous versements en espèces ;

b) Réduction des livraisons de charbon à un niveau inférieur à celui qui a été fixé par les accords de Spa ;

c) Continuation des avances alliées faites en contrepartie des livraisons de charbon ;

d) En ce qui concerne les propriétés allemandes séquestrées ou liquidées dans les pays alliés, il est impossible, sous les réserves indiquées plus loin, d'admettre la demande présentée par M. von Strauss à Bruxelles et tendant à la restitution à leurs anciens propriétaires des propriétés séquestrées qui n'ont pas encore été liquidées, pas plus que le plan de M. Melchior d'après lequel les valeurs mobilières appartenant à des ressortissants allemands seraient déposées dans les pays neutres comme collatéral d'emprunts allemands;

e) Suppression du plébiscite de Haute-Silésie.

Au contraire, certains allégements pourraient, semble-t-il, être accordés à l'Allemagne, aussi bien dans un intérêt d'équité que pour faciliter un accord général.

Les gouvernements alliés sont priés de donner une indication de principe sur les suggestions qui sont présentées ci-après, tous détails devant être réglés par la Conférence de Bruxelles.

a) *Armées d'occupation*. — Limitation à 240 millions de marks or par an des sommes à rembourser aux gouvernements alliés pour le coût des armées d'occupation, comme il est prévu dans la note des premiers ministres du 16 juin 1919. Les gouvernements alliés pourront décider si, dans ces conditions, il convient de comprendre le coût des armées d'occupation dans le montant de l'annuité.

Des délégués techniques interalliés se réuniront immédiatement pour résoudre toutes les questions relatives au coût des armées d'occupation; ils entreraient en contact avec les différents ministères de la guerre alliés afin d'obtenir d'eux tous renseignements utiles, et devraient remettre aux gouvernements alliés, avant le 1ᵉʳ avril 1921, un rapport établissant clairement les sommes actuellement dépensées par les différentes armées d'occupation, et contenant des suggestions pratiques relatives, d'une part, aux économies à réaliser tant par les armées alliées que par le gouvernement allemand pour arriver au résultat cherché et, d'autre part, aux règles équitables de répartition entre les Alliés.

b) *Simplification des différents chefs de réparations et des autres obligations financières mises à la charge de l'Allemagne par le traité.* — Cette simplification est désirable dans l'intérêt des Alliés aussi bien que de l'Allemagne ; un exposé clair de la situation doit être établi, montrant tous les versements que l'Allemagne est obligée d'effectuer en vertu du traité et qui viennent en concurrence avec les versements faits pour les réparations. Des réductions ou des modalités spéciales de payement devront être envisagées dans l'intérêt de la réparation.

En ce qui concerne l'Allemagne, il faudrait la mettre en mesure de connaître ses obligations et renoncer au régime actuel qui, par des demandes soudaines et inattendues de payement, provoque des à-coups très préjudiciables au change allemand.

c) Relations économiques. — Une déclaration générale serait faite à l'Allemagne que les Alliés n'entendent pas se servir des dispositions du traité de Versailles pour s'opposer au développement légitime du commerce allemand.

d) Bateaux. — 1° Renonciation par les Alliés, dans certaines conditions, du nouveau tonnage que l'Allemagne est tenue de construire et de livrer aux Alliés.

2° Possibilité : *a)* Soit de laisser à l'Allemagne pour ..... années, une partie du tonnage actuellement existant et qu'elle n'a pas encore livré ; *b)* soit de restituer à l'Allemagne pour ..... années ..... tonnes de ce qu'elle a déjà livré, uniquement cargos et pas de bateaux à passagers.

Par contre, l'Allemagne retirerait immédiatement son refus d'accorder des permis d'émigration par lignes alliées et de garantir un traitement·équitable aux compagnie de navigation alliées.

e) Dette envers les Offices de compensation alliés. — Les soldes débiteurs dont l'Office allemand est redevable seront effectués par lui au moyen de mensualités fixes dont le montant sera déterminé à l'avance. L'exécution de cette décision sera mise en concordance avec le résultat des études poursuivies sur le même objet par la Commission des réparations.

f) Représailles prévues au paragraphe 18 de l'annexe II de la partie VIII du traité de Versailles. — Il est probable que les Alliés ont l'intention de suivre la Grande-Bretagne dans sa renonciation au droit d'exercer des représailles contre certaines catégories de biens privés appartenant aux Allemands. Cette renonciation pourrait être étendue à d'autres formes de la propriété privée.

g) Propriétés allemandes séquestrées dans les nations alliées. — Certaines exceptions pourront être consenties en faveur de petits propriétaires ou pour de petites propriétés.

Belgique :	LÉON DELACROIX.
	OMER LEPREUX.
France :	SEYDOUX.
	CHEYSSON.
Grande-Bretagne :	D'ABERNON
	JOHN BRADBURY.
Italie :	D'AMELIO.
	GIANNINI.
Japon.	T. SEKIBA.
	S. ARAI.

ANNEXE
NOTE REMISE A M. BERGMANN
LE 7 JANVIER 1921

Pendant les premières années tout au moins, l'annuité versée par l'Allemagne pour accomplir les réparations, conformément au traité de Versailles, sera constituée en majeure partie par des prestations en nature.

Il faut donc chercher à obtenir, par le jeu de ces prestations, un rendement intéressant, sans empêcher le relèvement économique de l'Allemagne, qui permettra à celle-ci de s'acquitter ultérieurement en espèces et sans nuire aux intérêts des Etats preneurs au point de vue économique et financier. Il y a donc lieu de rechercher un système très souple en évitant, autant que possible, toute contrainte, soit du côté fournisseur, soit du côté du preneur, et en calculant les prestations suivant le développement économique de l'Allemagne.

Les prestations se répartiront entre les catégories suivantes :

I

Produits spécifiés aux annexes III, V et VI. Il faut y comprendre les produits d'ordres généraux de l'annexe IV, dont les modalités de livraison seront réglées par la Commission des réparations, notamment en ce qui concerne la fixation des prix ; afin d'éviter autant que possible le recours à la voie administrative, le nombre de ces produits sera très restreint et sera spécifié prochainement.

Pour tous les autres produits, le fonctionnement actuel de l'annexe IV sera suspendu ; toutefois, les produits déjà demandés et en cours livraison et sur lesquels une entente complète entre les gouvernements est déjà intervenue continueront de suivre cette procédure.

Ladite procédure s'appliquera également dans les cas visés plus loin.

II

Produits de toute nature achetés par les sinistrés. Il s'agit ici des produits figurant à l'annexe IV de la partie VIII et non spécifiés dans la liste prévue ci-dessus de l'annexe IV (paragraphe 2 *a*) *et* b). Ces produits de toute nature et de toute espèce feront l'objet de tractations directes entre le sinistré et le fournisseur allemand.

Les tractations donneront lieu à des contrats passés suivant les règles du droit privé et soumis aux juridictions de droit commun pour tout ce qui concerne les contestations d'ordre commercial. Toutefois, ils porteront une mention indiquant qu'ils sont soumis à un mode spécial de payement, et les litiges survenus du fait de ce mode de payement seront portés devant des arbitres spécialement désignés par les gouvernements intéressés, la Commission des réparations étant, d'une manière générale, chargée de résoudre tout désaccord de principe qui pourrait être soulevé dans la question.

Au cas où les juridictions sus-indiquées constateraient que la conclusion du contrat en litige est impossible, la Commission des réparations sera en droit d'exiger soit l'exécution de la prestation envisagée par la voie administrative prévue à l'annexe IV, soit l'annulation.

Le fournisseur allemand sera payé sur un crédit en marks fait par le gouvernement allemand et ouvert dans un organisme financier à désigner (Reichsbank ou tout autre), à la Commission des réparations ou à toute banque alliée désignée par la Commission des réparations. La répartition de ce crédit entre les alliés intéressés sera indiqué par les soins de la Commission des réparations.

Une procédure très simple permettra à l'organisme financier allemand de viser les traites tirées par les fournisseurs allemands. Les traites ainsi visées pourront être présentées à l'encaissement à une banque alliée quelconque, qui les transmettra à un office mixte à créer ou à la banque alliée désignée par lui, en versant à cet office ou à cette banque alliée la contre-valeur en certificats de dommages, dont la valeur sera décomptée d'après les règles fixées à l'avance ; l'office mixte ou la banque tirera alors sur l'organisme financier allemand une traite du montant de la commande et cette traite sera remise au fournisseur allemand. L'office mixte communiquera à la Commission des réparations et à l'organisme financier allemand un relevé périodique des traites tirées sur le crédit en marks. La Commission des réparations créditera le compte général de l'Allemagne en marks or d'après le cours du dollar à New-York en prenant la moyenne du mois précédent.

Un seul office devrait donc être créé : il serait chargé, d'une part, de viser les traites résultant des contrats de livraison passés entre Allemands et ressortissants alliés et ferait apposer, d'autre part, sur lesdites traites un visa de l'organisme financier allemand ; ce visa constituerait en premier lieu un « bon à payer » sur le crédit réparations et, en second lieu, l'approbation du contrat par le gouvernement allemand et par les gouvernements alliés intéressés : il comportera donc les autorisations d'exportation et d'importation, ainsi que les détaxes douanières éventuelles.

A cet office serait adjoint un bureau mixte, chargé de fournir aux acheteurs éventuels tous renseignements sur les maisons de production et même de servir d'intermédiaire entre l'acheteur et le producteur.

III

En vue d'étendre ce système, il pourrait être appliqué à tout produit acheté par les alliés en Allemagne, bien que l'acheteur ne soit pas sinistré. Il est bien entendu qu'il ne pourrait s'agir que d'achats importants dont le montant serait par exemple supérieur à une certaine somme (10.000 marks) ou bien de certaines catégories de produits seulement ; le compte réparations ne serait débité que d'un pourcentage à déterminer du montant de la commande : 20 ou 25 o/o par exemple. La procédure serait exactement la même que celle qui a été envisagée ci-dessus : la traite sur l'organisme financier allemand serait délivrée par l'office mixte contre versement par l'acheteur de sa contre-valeur en monnaie nationale ; elle serait libellée partie dans cette monnaie, partie en marks, et le paiement en monnaie nationale serait effectué soit directement, conformément aux clauses éventuelles du contrat, soit par l'organisme financier allemand, et donnerait lieu, dans ce dernier cas, à un règlement ultérieur de compte avec l'office mixte.

Le but de ce système est notamment d'intéresser les acheteurs aux réparations, en vue d'en faciliter le jeu, un certain avantage pourrait être fait, soit au point de vue du change, soit au point de vue douanier, à ceux qui l'emploieraient.

IV

Le crédit ainsi ouvert par le gouvernement allemand à la Commission des réparations pourrait encore être utilisé autrement. Il se peut que les alliés recrutent en Allemagne de la main-d'œuvre ; il n'est pas possible de spécifier actuellement comment et dans quelles conditions, mais on peut en tout cas prévoir que cette main-d'œuvre serait recrutée directement par des entreprises alliées dans des buts déterminés. Rien ne serait plus facile que de faire verser par l'organisme financier allemand une partie des salaires aux familles des ouvriers ; l'autre partie, c'est-à-dire celle qui serait nécessaire au logement et à la subsistance de l'ouvrier, étant payée directement sur place en monnaie nationale par l'entrepreneur.

V

Enfin, on pourrait examiner éventuellement l'utilisation de ce crédit pour le cas où des sociétés alliées prendraient dans les sociétés allemandes des participations.

Là encore, la plus entière liberté doit être laissée aux intéressés et les gouvernements n'envisagent pas pour le moment d'imposer à l'Allemagne, au titre réparations, la cession de parts d'intérêts dans des groupements quelconques ; mais si un groupement allié s'entend avec un groupement allemand pour une participation de ce genre, il n'y a pas de raison pour que tout ou partie du prix à verser par le groupement allié ne puisse être prélevé sur le crédit fait par le gouvernement allemand.

En dehors des marchandises livrées conformément aux paragraphes III, IV, V et VI ci-dessus, l'annuité comprendra d'autres produits importants pris parmi les principaux de l'exportation allemande et choisis notamment parmi ceux qui sont entre les mains de groupements ou de syndicats et qui font l'objet de marchés généraux. Afin de laisser ces marchandises et leurs marchés à la disposition de l'Allemagne et de gêner le moins possible le développement de l'économie allemande, ces produits ne seront pas livrés directement aux alliés ; ils resteront entre les mains de leurs détenteurs et c'est seulement une partie, un pourcentage, dont le produit de vente à l'étranger sera versé à la Caisse des réparations. Il en résulte que cette réparation en nature devient en somme une réparation en espèces, augmente au fur et à mesure que se développe l'exportation allemande, et que, par conséquent, les alliés ont intérêt à voir cette exportation se développer. Parmi les produits à envisager, et sur la vente desquels un pourcentage à déterminer serait établi, il y a lieu de noter :

Charbons ;
Potasse ;
Produits de l'utilisation de l'azote (engrais) ;
Bois ;
Colorants ;
Matériel électrique ;
Produits métallurgiques vendus par les cartels, notamment le Stahlverband ;
Papiers.

Il appartiendra au gouvernement allemand de se mettre d'accord avec les syndicats vendeurs pour que ceux-ci lui reversent le pourcentage déterminé du produit de la vente.

ARRANGEMENT ENTRE LES PUISSANCES ALLIÉES RÉGLANT CERTAINES QUESTIONS RELATIVES A L'EXÉCUTION DU TRAITÉ DE VERSAILLES.

(Accord de Paris du 29 janvier).

ARTICLE PREMIER

Pour satisfaire aux obligations que les articles 231 et 232 du traité de Versailles ont mises à sa charge, l'Allemagne devra en dehors des restitutions qu'elle doit effectuer conformément à l'article 238, et de toutes autres obligations du traité, payer :

1° Des annuités fixes, payables par moitié à la fin de chaque semestre, et ainsi déterminées :

a) Deux annuités de 2 milliards de marks or du 1er mai 1921 au 1er mai 1923 ;

b) Trois annuités de 3 milliards de marks or du 1er mai 1923 au 1er mai 1926 ;

c) Trois annuités de 4 milliards de marks or du 1er mai 1926 au 1er mai 1929 ;

d) Trois annuités de 5 milliards de marks or du 1er mai 1929 au 1er mai 1932 ;

e) Trente et une annuités de 6 milliards de marks or du 1er mai 1932 au 1er mai 1963.

2° Quarante-deux annuités commençant à courir le 1er mai 1921, égales à 12 0/0 de la valeur des exportations de l'Allemagne, prélevées sur le produit de celles-ci et payables en or, deux mois après l'expiration de chaque semestre.

En vue d'assurer la complète exécution du paragraphe 2° ci-dessus, l'Allemagne donnera à la Commission des Réparations toutes facilités pour vérifier le montant des exportations allemandes et pour établir le contrôle nécessaire à cet effet.

ARTICLE 2

Le gouvernement allemand remettra immédiatement à la Commission des Réparations des bons au porteur, payables aux échéances prévues à l'article 1, paragraphe 1°, du présent arrangement, et dont le montant sera égal à chacune des semestrialités à verser en application dudit paragraphe.

Des instructions seront données à la Commission des Réparations en vue de faciliter aux puissances qui le demanderont, la mobilisation de la part qui leur revient d'après les accords existant entre elles.

ARTICLE 3

L'Allemagne pourra toujours s'acquitter, par anticipation, de la partie fixe de sa dette.

Les versements anticipés qu'elle effectuera seront appliqués à la réduction des annuités fixes telles qu'elles sont déterminées par le paragraphe 1° de l'article 1; ces annuités seront à cet effet escomptées au taux de :

8 o/o jusqu'au 1ᵉʳ mai 1923;

6 o/o du 1ᵉʳ mai 1923 au 1ᵉʳ mai 1925;

5 o/o à partir du 1ᵉʳ mai 1925.

ARTICLE 4

L'Allemagne ne procédera, directement ou indirectement à aucune opération de crédit hors de son territoire, sans l'approbation de la Commission des Réparations. Cette disposition s'applique au gouvernement de l'Empire allemand, aux gouvernements des Etats allemands, aux autorités provinciales ou municipales allemandes, ainsi qu'aux sociétés ou entreprises contrôlées par lesdits gouvernements ou autorités.

ARTICLE 5

Par application de l'article 248 du traité de Versailles, l'ensemble des biens et ressources de l'Empire et des Etats allemands sont affectés à la garantie de l'exécution intégrale par l'Allemagne des dispositions contenues dans le présent arrangement.

Le produit des douanes allemandes, maritimes et terrestres, y compris notamment le produit de tous droits d'importation et d'exportation et de toutes taxes accessoires, constitue un gage spécial de l'exécution du présent accord.

Aucune modification susceptible de diminuer le produit des douanes ne sera apportée sans l'approbation de la Commission des Réparations à la législation et à la réglementation douanière de l'Allemagne.

La totalité des recettes douanières allemandes sera encaissée pour le compte du gouvernement allemand, par un receveur général des douanes allemandes, nommé par le gouvernement allemand, avec l'assentiment de la Commission des Réparations.

Au cas où l'Allemagne viendrait à manquer à l'un des paiements prévus dans le présent arrangement :

1° Tout ou partie du produit des douanes allemandes pourra être saisi entre les mains du receveur général des douanes allemandes par la Commission des Réparations et affecté par elle à l'exécution des obligations, auxquelles l'Allemagne aurait manqué. Dans ce cas, la Commission des Réparations si elle le juge nécessaire, pourra assumer elle-même l'administration et la perception des recettes douanières.

2° La C. R. pourra, en outre, mettre le gouvernement allemand en demeure de procéder à tel relèvement de tarifs ou à prendre pour augmenter ses ressources, telles autres mesures qu'elle estimera indispensable.

3° Si cette mise en demeure reste sans effet, la Commission pourra déclarer le gouvernement allemand en état de défaillance et signaler cette situation aux gouvernements des P. A. et A. qui prendront telles mesures qu'ils jugeront justifiées.

Fait à Paris, le 29 janvier 1921.

Signé : Henri JASPAR, D. LLOYD GEORGE, A. BRIAND, C. SFORZA, H. ISHII.

DECLARATION DE LONDRES DU 7 MARS 1921

Les alliés ont été d'accord pour décider que :

1° Les villes de Duisbourg, Ruhrort et Dusseldorf, sur la rive droite du Rhin, seront occupées ;

2° Les alliés demanderont à leurs Parlements respectifs les pouvoirs nécessaires pour obtenir de leurs ressortissants qu'ils paient à leurs différents gouvernements un prélèvement sur le prix de vente des marchandises allemandes, cette proportion devant être retenue dans les pays au compte des réparations. Cela s'applique aux marchandises allemandes achetées dans ces pays ou dans tous les pays alliés ;

3° I. — Le montant des taxes encaissées par les postes douaniers allemands sur les frontières extérieures des territoires occupés devra être versé à la Commission des réparations.

II. — Une ligne de postes douaniers sera établie provisoirement sur le Rhin et aux limites des têtes de pont occupées par les alliés. Le tarif à percevoir sur cette ligne douanière, tant à l'entrée qu'à la sortie, sera fixé par la haute-commission interalliée des territoires rhénans, d'accord avec les gouvernements alliés.

L'ULTIMATUM DES ALLIÉS A L'ALLEMAGNE
(5 mai 1921)

Les puissances alliées constatant que, malgré les concessions successives faites par les Alliés depuis la signature du traité de Versailles, et en dépit des avertissements et des sanctions décidées à Spa et à Paris, comme des sanctions notifiées à Londres et appliquées depuis, le gouvernement allemand manque à remplir les obligations qui lui incombent, aux termes du traité de Versailles, en ce qui concerne :

1° Le désarmement ;

2° Le versement de 12 milliards de marks or, échu le 1ᵉʳ mai 1921, aux termes de l'article 235 du traité, et que la commission des réparations l'a déjà sommé de payer à cette date ;

3° Le jugement des coupables, dans les conditions où il a été de nouveau stipulé par les notes alliées des 13 février et 17 mai 1920 ;

4° Certaines autres questions importantes, et notamment celles que posent les articles 264 à 267, 273, 321, 322 et 327 du traité ;

DÉCIDENT :

a) De procéder, dès aujourd'hui, à toutes mesures préliminaires nécessaires à l'ocupation de la vallée de la Ruhr par les forces alliées sur le Rhin, dans les conditions prévues au paragraphe *d* ;

b) D'inviter, conformément à l'article 233 du traité, la commission des réparations à notifier au gouvernement allemand, sans délai, les époques et les modalités de l'acquittement par l'Allemagne de l'intégralité de sa dette et d'annoncer sa décision sur ce point au gouvernement allemand le 6 mai, au plus tard ;

c) De sommer le gouvernement allemand de déclarer catégoriquement dans un délai de six jours, à dater de la réception de la décision ci-dessus, sa résolution :

I. — D'exécuter sans réserve, ni condition, ses obligations telles qu'elles sont définies par la commission des réparations ;

II. — D'accepter et de réaliser sans réserve ni condition, à l'égard de ses obligations, les garanties prescrites par la commission des réparations ;

III. — D'exécuter sans réserve ni retard :

Les mesures concernant le désarmement militaire, naval et aérien, notifiées au gouvernement allemand par les puissances alliées, par leur lettre du 29 janvier 1921, les mesures d'exécution déjà venues à échéance étant complétées, sans délai, les autres devant être réalisées aux dates fixées ;

IV. — De procéder sans réserve ni retard au jugement des criminels de guerre, ainsi qu'à l'exécution des autres parties du traité n'ayant pas encore reçu satisfaction et dont il est question dans le premier paragraphe de la présente note ;

d) De procéder, le 12 mai, à l'occupation de la vallée de la Ruhr et de prendre toutes autres mesures militaires et navales, faute par le gouvernement allemand d'avoir rempli les conditions ci-dessus.

Cette occupation durera aussi longtemps que l'Allemagne n'aura pas exécuté les conditions énumérées au paraphe *c*.

Londres, le 5 mai 1921.

LLOYD GEORGE, BRIAND,
Comte SFORZA, JASPAR, HAYASHI.

PROTOCOLE DE LONDRES MODIFIANT LES DISPOSITIONS DE L'ANNEXE II DE LA PARTIE VIII DU TRAITÉ DE VERSAILLES.

Les soussignés, ayant pouvoir pour signer, ont arrêté ce qui suit :

Les gouvernements de la Belgique, de la France, de la Grande-Bretagne, de l'Italie et du Japon, représentés à la Commission des réparations, décident à l'unanimité, par application du paragraphe 22 de l'Annexe II de la Partie VIII du traité de Versailles, d'amender comme il suit les paragraphes ci-après de ladite annexe :

Paragraphe 12 bis

a) Nonobstant les stipulations de l'alinéa c) du paragraphe 12 de l'Annexe II à la Partie VIII, la Commission des réparations aura pouvoir d'accroître de 2,5 o/o jusqu'à 5 o/o le taux de l'intérêt sur les bons émis ou à émettre en vertu des 1° et 2° de l'alinéa c) du paragraphe 12 entre le 1er mai 1921 et le 1er mai 1926, et de pourvoir à l'amortissement de ces bons à dater du 1er mai 1921 pourvu de toutes sommes supplémentaires nécessaires à cette augmentation d'intérêt et au paiement de l'amortissement soient compensées par la réduction, à dater du 1er mai 1921, au-dessous de 5 o/o du taux d'intérêts à inscrire au débit de l'Allemagne pour la partie de la dette qui n'est pas couverte par des bons.

Pouvoir est donné à la Commission des réparations de requérir l'Allemagne d'émettre de nouveaux bons portant intérêt à 5 o/o plus 1 o/o pour amortissement, à dater du 1er mai 1921, en échange de la remise par la Commission des réparations des bons déjà émis en vertu des 1° et 2° du paragraphe c).

Pouvoir est donné à la Commission des réparations de différer du 1er mai au 1er novembre 1921 le point de départ de l'intérêt et de l'amortissement de tout ou partie des nouveaux bons à émettre en échange des bons émis en vertu des 1° et 2° de l'alinéa c).

Pouvoir est donné à la Commission des réparations de remplacer par une émission de bons ordinaires l'émission spéciale de bons stipulée par l'article 232 du traité en ce qui concerne la dette de la Belgique.

Pouvoir est donné à la Commission des réparations de diviser le montant total des bons en séries jouissant de priorités différentes eu égard aux revenus qui les gagent.

b) Pouvoir est donné à la Commission des réparations de requérir l'Allemagne d'affecter au service des bons, soit dans leur totalité, soit pour des séries distinctes, certains revenus et avoirs à déterminer.

c) Pouvoir est donné à la Commission des réparations de requérir l'insertion dans le libellé des bons à émettre en vertu de l'alinéa *c*) du paragraphe 12 d'une mention indiquant cette affectation de revenus et avoirs déterminés.

Les bons sur lesquels cette mention aura été inscrite sont, nonobstant ce qui est dit à l'alinéa *d*) du paragraphe 12, considérés comme constituant encore une partie de la dette de l'Allemagne, même s'ils ont été attribués à titre définitif à des personnes autres que les divers gouvernements au profit desquels a été fixé à l'origine le montant de la dette de réparations de l'Allemagne.

d) Pouvoir est donné à une sous-commission des garanties, à désigner par la Commission des réparations en vertu du paragraphe 7, de l'Annexe II, de surveiller l'application des revenus assignés et de stipuler les dates de versement des sommes dues pour le service des bons ou de tous autres paiements relatifs à la dette allemande ainsi que les modalités de paiement.

Les revenus à affecter par le gouvernement allemand seront :

1° Le produit de toutes les douanes et taxes maritimes et terrestres de l'Allemagne, et en particulier le produit de toutes les taxes à l'importation et à l'exportation ;

2° Le produit du prélèvement de 25 o/o sur la valeur de toutes exportations d'Allemagne à l'exception des exportations sur lesquelles un prélèvement d'au moins

25 o/o est effectué, en vertu de la législation de l'une quelconque des puissances alliées ;

3° Le produit des taxes directes et indirectes ou toutes autres ressources qui seraient proposées par le gouvernement allemand et acceptées par le Comité des garanties, pour être ajoutées ou substituées aux ressources qui ont été spécifiées aux paragraphes 1 et 2 ci-dessus.

Le Comité des garanties ne sera pas autorisé à intervenir dans l'administration allemande.

e) Pouvoir est donné à la Commission des réparations de requérir l'émission de bons sans coupons en ce qui concerne toute partie de la dette qui, à l'époque considérée ne serait pas couverte par des bons émis conformément à l'alinéa *c*) du paragraphe 12 modifié. Le gouvernement allemand sera requis d'émettre des coupons en ce qui concerne ces bons à toute date ultérieure que fixerait la Commission des réparations, lorsque la Commission des réparations aura constaté que l'Allemagne peut faire face à l'intérêt et à l'amortissement, l'amortissement devant commencer à la même date.

Les bons auxquels des coupons n'auront pas été attachés seront considérés comme une part de la dette non couverte par des bons au point de vue de l'intérêt à débiter en vertu du paragraphe 16 de l'annexe II modifiée.

Paragraphe 19 *in fine*

L'Allemagne devra, sur demande et immédiatement, fournir les matériaux et la main-d'œuvre que chacune des puissances alliées réclamerait, avec l'approbation préalable de la Commission des réparations, en vue de la restauration des régions dévastées ou en vue de permettre à ladite puissance de procéder à la restauration ou au développement de sa vie industrielle ou économique. La valeur de ces matériaux et de cette main-d'œuvre sera fixée par un expert désigné par l'Allemagne et par un expert désigné par la puissance intéressée, et, à défaut d'accord, par un arbitre nommé par la Commission des réparations.

La présente décision sera notifiée aux puissances signataires dudit traité, ainsi qu'à la Commission des réparations.

Londres, le 5 mai 1921.

Signé : Henri JASPAR.
Ar. BRIAND.
HAYASHI.
C. SFORZA.
D. LLOYD GEORGE.

ETAT DES PAIEMENTS PRESCRIVANT LES EPOQUES ET LES MODALITÉS POUR GARANTIR ET ÉTENDRE L'ENTIÈRE OBLIGATION DE L'ALLEMAGNE AU TITRE DES RÉPARATIONS.

(5 mai 1921).

La Commission des réparations a, conformément à l'article 233 du traité de Versailles, fixé comme suit les époques et les modalités pour garantir et éteindre l'entière obligation de l'Allemagne au titre des réparations, telle qu'elle résulte des articles 231, 232 et 233 du traité.

Cette fixation est faite sans préjudice de l'obligation de l'Allemagne d'effectuer les restitutions prévues à l'article 238 ou de toutes autres obligations résultant du traité de Versailles

ARTICLE PREMIER

L'Allemagne exécutera de la manière stipulée dans le présent document l'obligation qu'elle a de payer la somme totale fixée, conformément aux articles 231, 232 et 233 du traité de Versailles, par la Commission, savoir : 132 milliards de marks or.

On en déduira : a) le montant de la somme déjà versée au titre des réparations ; b) les sommes qui peuvent être successivement portées au crédit de l'Allemagne en contre-partie des propriétés de l'empire et des Etats allemands situés dans les territoires cédés, etc. ; c) toutes sommes reçues d'autres puissances ennemies ou ex-ennemies, qui pourront être portées, par décision de la commission, au crédit de l'Allemagne.

On y ajoutera le montant de la dette belge envers les Alliés.

Les montants de ces déductions et de cette addition seront déterminés ultérieurement par la commission.

ARTICLE 2

L'Allemagne créera et remettra à la commission, en

remplacement des bons déjà remis ou susceptibles d'être remis en exécution du paragraphe 12 *c*) de l'annexe II de la partie VIII (réparations) du traité de Versailles, les obligations ci-après décrites :

A. — Obligations, pour un montant de 12 milliards de marks or.

Ces obligations seront créées et remises au plus tard le 1er juillet 1921. Il sera prélevé annuellement, sur les fonds à fournir par l'Allemagne, à partir du 1er mai 1921, en vertu du présent document, une somme égale à 6 o/o de cette valeur nominale des obligations émises. Sur cette somme, il sera prélevé la somme nécessaire pour payer un intérêt de 5 o/o l'an, payable par semestre, aux obligations non amorties. Le solde sera affecté à un fonds d'amortissement destiné au remboursement au pair des obligations par tirages annuels.

Ces obligations seront désignées dans le présent document sous le nom de « *Obligations des séries A* ».

B. — Obligations pour une nouvelle somme de 38 milliards de marks or.

Ces obligations seront créées et remises le 1er novembre 1921 au plus tard. Il sera prélevé annuellement, sur les fonds à fournir par l'Allemagne, à partir du 1er novembre 1921, en vertu du présent document, une somme égale à 6 o/o de la valeur nominale des obligations émises. Sur cette somme il sera prélevé la somme nécessaire pour payer un intérêt de 5 o/o l'an, payable par semestre aux obligations non amorties. Le solde sera affecté à un fonds d'amortissement destiné au remboursement au pair des obligations par tirages annuels.

Ces obligations seront désignées, dans le présent document, sous le nom de « *Obligations des séries B* ».

C. — Obligations pour un montant de 82 milliards de marks or, montant sujet à tel ajustement ultérieur qui pourra être jugé nécessaire par application de l'article Ier ci-dessus, cet ajustement se faisant par la création ou l'annulation d'obligations.

Ces obligations seront créées et remises, sans coupons attachés, à la Commission des réparations, le 1er novembre 1921 au plus tard ; elles seront émises par la commission au fur et à mesure que celle-ci estimera que les versements que l'Allemagne est requise de faire en exécution du présent document sont suffisants pour assurer le service des intérêts et de l'amortissement desdites obligations. Il sera prélevé annuellement, à partir de la date d'émission, par la Commission des réparations, sur les fonds à fournir par l'Allemagne, en vertu du présent document, une somme égale à 6 o/o de la valeur nominale des obligations émises. Sur cette somme, il sera prélevé la somme nécessaire pour payer un intérêt de 5 o/o l'an, payable par semestre, aux obligations non amorties. Le solde sera affecté à un fonds d'amortissement destiné au remboursement au pair des obligations par tirages annuels.

Le gouvernement allemand délivrera à la commission des feuilles de coupons pour lesdites obligations au fur et à mesure de leur émission par la commission.

Ces obligations seront désignées danss le présent document sous le nom de « *Obligations des séries C* ».

ARTICLE 3

Les obligations prévues à l'article 2 seront au porteur et signées par le gouvernement allemand. Elles seront établies en telle forme et coupures que prescrira la commission à l'effet de les rendre négociables. Elles seront exemptes de toutes taxes ou impôts allemands, de quelque nature que ce soit, présents ou futurs.

Sous réserve des dispositions des articles 248 et 251 du traité de Versailles, ces obligations seront garanties par l'ensemble des revenus et ressources de l'empire et des Etats allemands et, en particulier, par les revenus et ressources spécifiés à l'article 7 du présent document.

Les obligations des séries A, B, C jouiront respectivement les unes vis-à-vis des autres, sur lesdits revenus et ressources, d'un privilège de premier, deuxième et troisième rang.

Le service de ces obligations sera assuré au moyen des payements à effectuer par l'Allemagne en vertu du présent document.

ARTICLE 4

L'Allemagne payera chaque année, jusqu'à ce que les obligations prévues à l'article 2 ci-dessus aient été amorties par le jeu du fonds d'amortissement, les sommes suivantes :

1° Une somme de 2 milliards de marks or ;

2° *a*) Une somme que la commission déterminera comme étant l'équivalent de 25 o/o de la valeur des exportations allemands pendant chaque période de douze mois, à partir du 1ᵉʳ mai 1921 ;

Ou bien :

b) Telle autre somme équivalente, qui pourrait être fixée d'après un autre indice à proposer par l'Allemagne et qui serait agréé par la commission ;

3° Une somme supplémentaire équivalente à 1 o/o de la valeur totale des exportations allemandes déterminée comme il est dit ci-dessus, ou telle autre somme équivalente qui pourra être fixée comme il est dit à l'alinéa *b*) ci-dessus.

Toutefois, lorsque l'Allemagne se sera acquittée de tout ce qui lui incombe en vertu du présent document, en dehors des charges afférentes aux séries d'obligations non amorties, le montant à payer chaque année en vertu du présent article sera réduit à la somme nécessaire au cours de ladite année pour faire le service des intérêts et du fonds d'amortissement relatif aux séries d'obligations non amorties.

Sous réserve des stipulations de l'article V, les payements prévus sous l'alinéa premier ci-dessus devront être faits trimestriellement par quart, c'est-à-dire les 15 janvier, 15 avril, 15 juillet, 15 octobre de chaque année au plus tard.

Les payements prévus aux alinéas 2° et 3° ci-dessus devront être faits trimestriellement par quart, les 15 février, 15 mai, 15 août et 15 novembre au plus tard, et calculés sur la base des exportations de l'avant-dernier trimestre, le premier payement devant être fait le 15 novembre 1921 au plus tard et calculé sur la base des exportations pendant le trimestre se terminant le 31 juillet 1921.

ARTICLE 5

L'Allemagne payera, dans les 25 jours de la notification du présent document, la somme de 1 milliard de marks or, en or, ou en devises étrangères approuvées par la commission, ou en traites sur l'étranger approuvées par la commission, ou en effets à trois mois sur le Trésor allemand avalisés par des banques allemandes agréées, ces traites et effets payables en francs à Paris, en livres à Londres, en dollars à New-York, ou en toute autre monnaie sur toute autre place que la commission désignera. Ces payements seront considérés comme les deux premiers versements trimestriels à valoir sur les versements prévus pour satisfaire aux prescriptions de l'article IV, 1°.

ARTICLE 6

Dans les 25 jours qui suivront la notification du présent document, en accord avec le paragraphe 12 *bis* de l'annexe II du traité, amendée, la Commission des réparations constituera la sous-commission spéciale appelée « *Comité des garanties* ».

Le comité des garanties sera composé de représentants des puissances alliées actuellement représentées à la commission des réparations, et comprenant un représentant des Etats-Unis d'Amérique au cas où ce gouvernement désirerait en désigner un.

Ce comité devra s'adjoindre par cooptation trois représentants au plus des ressortissants des autres puissances, dès qu'il apparaîtra à la commission que des obligations émises en vertu du présent document sont entre les mains de ressortissants desdites puissances en quantité suffisante pour justifier la représentation de ces ressortissants dans·le comité des garanties.

ARTICLE 7

Le comité des garanties sera chargé d'assurer l'application des articles 241 et 248 du traité de Versailles.

Il aura qualité pour surveiller l'application au service des obligations prévues à l'article II des fonds qui leur sont affectés comme garantie pour les payements à faire par l'Allemagne, conformément à l'article IV. Ces fonds seront les suivants :

a) Le produit de tous les droits des douanes maritimes et terrestres, spécialement des droits à l'importation et à l'exportation;

b) Le produit d'un prélèvement de 25 o/o sur la valeur de toutes les exportations de l'Allemagne, à l'exception des exportations auxquelles s'applique, en vertu de la législation visée à l'article IX ci-après, un prélèvement d'au moins 25 o/o;

c) Le produit des taxes ou impôts directs ou indirects ou de toutes autres ressources qui seraient proposées par le gouvernement allemand et acceptées par le comité des garanties, pour parfaire ou pour remplacer les fonds spécifiés aux alinéas *a*) *et b*) ci-dessus.

Le gouvernement allemand versera, en or ou en monnaies étrangères approuvées par le comité, à des comptes à ouvrir au nom dudit comité et surveillés par lui, tous les fonds affectés au service des obligations.

L'équivalent des 25 o/o visés à l'alinéa *b*) sera versé à l'exportateur en monnaie allemande par le gouvernement allemand.

Le gouvernement allemand devra notifier au comité des garanties tout projet qui pourrait tendre à diminuer le produit des ressources affectées, et, si en raison d'un semblable projet le comité le demande, il devra y substituer d'autres ressources agréées par le comité.

Le comité des garanties sera chargé en outre de procéder, au nom de la commission, à l'examen prévu par le paragraphe 12 b de l'Annexe II de la partie VIII du traité de Versailles. Il sera chargé de vérifier, au nom de ladite commission, et, s'il est nécessaire, de rectifier le montant déclaré par le gouvernement allemand comme valeur des exportations allemandes en vue du calcul de la somme payable dans le courant de chaque année ou de chaque trimestre ; en vertu de l'article IV, 2°, il vérifiera et rectifiera, au besoin, au nom de ladite commission, le montant des ressources affectées en vertu du présent article au service des obligations.

Il aura également le droit de prendre toutes mesures

jugées nécessaires pour assurer l'accomplissement régulier de sa tâche.

Le comité des garanties n'est pas autorisé à s'ingérer dans l'administration allemande.

ARTICLE 8

Conformément au 2ᵉ alinéa du paragraphe 19 de l'annexe II amendée, l'Allemagne, avec l'approbation préalable de la commission, fournira immédiatement, sur demandes de chacune des puissances alliées, les matériaux et la main-d'œuvre dont celles-ci auront besoin soit pour la restauration de leurs régions dévastées, soit pour leur permettre de rétablir ou de développer leur vie industrielle ou économique. La valeur de ces matériaux et de cette main-d'œuvre sera fixée, dans chaque cas, par deux experts désignés, l'un par l'Allemagne, l'autre par la puissance intéressée, et, à défaut d'accord entre eux, par un arbitre désigné par la Commission des réparations.

Cette disposition ne s'applique pas à l'évaluation des livraisons faites conformément aux annexes III, IV, V et VI de la section I de la partie VIII du traité de Versailles.

ARTICLE 9

L'Allemagne prendra toutes mesures législatives ou administratives nécessaires pour faciliter la mise en œuvre de la loi de 1921 en vigueur dans le Royaume-Uni sur les réparations allemandes (German Reparation (Recovery) act 1921) ou toute autre législation analogue édictée par les autres puissances alliées, et tant que ces législations resteront en vigueur. Les payements effectués en vertu de ces législations seront portés au crédit de l'Allemagne à valoir sur les versements qu'elle doit effectuer en vertu de l'article IV, 2° du présent document.

La contre-valeur en monnaie allemande sera payée à l'exportateur par le gouvernement allemand.

ARTICLE 10

Le montant de tous payements sous forme de pres-

tations ou livraisons en nature et de toutes recettes effectuées en vertu de l'article IX ci-dessus sera versé à
la commission par la puissance alliée bénéficiaire, en espèces ou en coupons échus ou à échoir à la prochaine
échéance, dans un délai d'un mois à dater de la réception ; ce montant sera porté au crédit de l'Allemagne
à valoir sur les payements qu'elle doit faire en vertu
de l'article IV.

ARTICLE 11

La somme payable en vertu de l'article IV 3°, ainsi
que tout excédent des recettes effectuées chaque année
par la commission en vertu de l'article IV 1° et 2°, qui
ne serait pas nécessaire pour le service des intérêts et
de l'amortissement des obligations en circulation au
cours de ladite année, seront capitalisés et appliqués
par la commission jusqu'à concurrence de leur montant,
et à telle époque que celle-ci jugera convenable, au
payement d'un intérêt simple sur le solde de la dette
non couverte à ce moment par les obligations émises. Cet
intérêt ne dépassera pas 2 1/2 0/0 par an à partir du
1er mai 1921 jusqu'au 1er mai 1926, et ensuite 5 0/0.

L'intérêt de ce solde de la dette ne sera pas cumulatif, et aucun autre intérêt sur ce solde ne pourra être
payé autrement que comme il est prévu dans le présent
article.

ARTICLE 12

Il n'est apporté par les présentes aucune modification
aux dispositions garantissant l'exécution du traité de
Versailles. Ces dispositions sont applicables aux stipulations du présent document.

RÉPONSE DU GOUVERNEMENT ALLEMAND
A L'ULTIMATUM DU 5 MAI
(11 mai 1921)

En vertu de la décision du Reichstag, je suis chargé de déclarer, comme demandé, ce qui suit, au nom du nouveau gouvernement, relativement à la décision des puissances alliées, du 5 mai 1921 :

Le gouvernement allemand est décidé :

1° A remplir sans conditions ni réserves ses obligations telles qu'elles sont fixées par la Commission des réparations ;

2° A accepter et à réaliser, sans conditions ni réserves, les mesures de garanties prescrites par la Commission des réparations, au point de vue de ces obligations ;

3° A exécuter sans réserves ni retard les mesures en vue du désarmement sur terre, sur mer et dans les airs, qui ont été notifiées par la note des puissances alliées du 21 janvier 1921. Les mesures dont l'exécution est en retard devront être exécutées immédiatement ; les autres, dans les délais prescrits ;

4° A procéder sans réserves ni retard au jugement des coupables de guerre et à l'exécution des stipulations du traité mentionnées dans la première partie de la note des gouvernements alliés du 5 mai 1921.

Je vous prie de porter sans retard cette déclaration à la connaissance des puissances alliées.

Signé : WIRTH.

NOTES REMISES PAR LA DÉLÉGATION ALLEMANDE A LA CONFÉRENCE DE SPA (JUILLET 1920).

PREMIÈRE NOTE

1° Dans l'esprit du gouvernement allemand, les négociations actuelles ont pour but de tenter d'arriver à régler définitivement d'un commun accord l'ensemble des obligations de réparations qui incombent à l'Allemagne.

2° Le gouvernement allemand attire l'attention sur ce fait que, d'après son calcul, les 20 milliards de marks or qui devaient être payés avant le 10 mai 1921, non seulement ont été fournis, mais que déjà une somme sensiblement plus élevée a été payée ; des documents à l'appui de cette assertion sont à la disposition des alliés.

3° Le règlement pour l'avenir que le gouvernement allemand reconnaîtra comme réalisable, ne peut être déterminé que d'après les capacités économiques et financières de l'Allemagne. A cet égard il y a lieu de tenir particulièrement compte des nécessités d'équilibrer le budget allemand ; sinon, à bref délai l'accroissement rapide de la dette flottante et de l'inflation monétaire annihileront toute la capacité de paiement de l'Allemagne.

4° Pour mesurer la capacité de paiement de l'Allemagne, le gouvernement allemand renvoie un mémoire qu'il a remis. Il part de l'idée que en particulier il ne se produira aucun nouvel affaiblissement des bases de l'économie nationale allemande, déjà très affaiblie et que l'Allemagne recouvrera le bénéfice et l'aide de ressources indispensables qu'elle peut trouver dans le système mondial des relations économiques. Cela veut dire, en particulier, que l'Allemagne pourra importer dans des conditions de paiement appropriées les denrées alimentaires, les fourrages, les engrais et autres matières premières qui lui sont nécessaires.

5° En prenant pour base la capacité de paiement de l'Allemagne, on arrive aux conclusions suivantes :

a) L'indemnité doit être exprimée en annuité ; le montant minimum de l'indemnité doit être fixé.

b) L'obligation de payer des annuités est limitée à la période de trente ans prévue par le traité de Versailles.

c) L'annuité minimum doit être calculée conformément aux possibilités offertes par les capacités économiques et financières de l'Allemagne. Elle comprend par conséquent toutes les obligations en nature ou en argent résultant du traité de Versailles. Elle comprend en particulier également l'obligation de subvenir aux frais de l'armée d'occupation.

d) Les annuités sont couvertes en partie par les prestations en nature qui doivent être effctuées sur les bases du traité de Versailles. En principe les prestations doivent être calculées au prix du marché mondial ; une autre partie déterminée est payée comptant, dans la mesure où l'Allemagne fera des prestations en nature dépassant la part de l'annuité qui doit être couverte par les prestations en nature ; celles-ci seront payées en espèces au prix du marché mondial.

e) Etant donné l'impossibilité de se rendre compte dès aujourd'hui du développement économique qui se produira dans les trente années à venir, il y a lieu de prévoir une participation des gouvernements alliés à toute amélioration essentielle de la situation financière et économique de l'Allemagne. A cet effet, devra être élaboré un barème.

f) Il convient de fixer une somme maximum, après le paiement de laquelle l'Allemagne sera libérée de toute obligation de réparation ultérieure.

g) Afin de fixer l'annuité minimum sur la base de la capacité allemande de paiement et des garanties qui seront à préciser et qui ne devront pas porter atteinte à la souveraineté financière de l'Allemagne, pour élaborer le barème, pour déterminer la somme maximum ainsi que pour examiner les documents dont il est question au paragraphe 2, il convient que les experts des deux parties se réunissent dans le plus bref délai.

Deuxième note

a) La reconstitution des territoires dévastés au cours de la guerre est une œuvre à laquelle toutes les nations sont également intéressées, en raison du danger de voir subsister des sentiments de haine et des désirs de vengeance tant que cette reconstitution ne sera pas accomplie.

Dans ces conditions, et bien que le traité de paix ne fasse pas à l'Allemagne l'obligation de participer directement à la reconstitution, le gouvernement allemand a fait connaître, dès la signature du traité, qu'il était prêt à le faire dans l'intérêt général. Il recommande de façon pressante un nouvel examen de la question. Ce faisant, il tient compte de l'expérience faite à l'occasion des fournitures effectuées jusqu'ici par l'Allemagne, en vue de la reconstitution, et qui a montré que les livraisons de matériaux et objets ne sont pas exclusivement consacrées à restaurer dans leur ancien état les territoires dévastés, mais sont aussi utilisées en partie par les sinistrés pour se reconstituer ailleurs une nouvelle existence.

b) En conséquence, le gouvernement allemand suggère de faire procéder à la reconstitution des régions dévastées par une vaste entreprise internationale de colonisation intérieure (siedclung).

Le plan sera conçu de la façon suivante :

1° Il est constitué un syndicat international d'entrepreneurs auxquel pourront participer toutes les nations ;

2° Le syndicat aura pour mission, d'accord avec les gouvernements immédiatement intéressés, de procéder au déblaiement des régions dévastées : de restaurer les installations industrielles, agricoles et tout ce qui concerne les voies de communication ; de créer de nouveaux foyers pour les anciens habitants de ces régions, ou d'autres habitants venus pour s'y installer des autres régions ayant souffert de la guerre ;

3° Le syndicat fera appel pour ses travaux à des patrons et ouvriers des pays alliés et associés ainsi que de l'Allemagne ;

4° L'entreprise de reconstitution (colonisation) devra être administrée selon des méthodes commerciales et non bureaucratiques, sans toutefois qu'on y prenne des bénéfices excessifs ;

5° Toutes les organisations devront être constituées sur la base d'une collaboration paritaire entre patrons et ouvriers.

En cas d'accord de principe sur ce projet, il y aurait lieu d'instituer immédiatement une discussion sur sa réalisation pratique en faisant appel aux représentants des gouvernements des Etats qui veulent participer au syndicat et, en outre, aux représentants de la population dévastée, ainsi qu'à des employeurs et des ouvriers.

TROISIÈME NOTE

Plan pour les prestations en nature conformément à l'article 236 et annexe 4 à la partie VIII du traité de paix.

A. — L'Allemagne est obligée, aux termes de l'article 236 et des paragraphes 1-4 de l'annexe 4 de la partie VIII du traité de paix, de livrer, dans le but d'une restauration immédiate des territoires des pays alliés et associés détruits par la guerre, un matériel déterminé d'une façon précise par la Commission des réparations et dont la valeur sera portée en compte « réparation ».

La Commission des réparations n'a pas encore établi la nature exacte de cette livraison. Le gouvernement allemand a seulement eu connaissance jusqu'ici des listes des demandes des divers Etats. Ces listes, qui comprennent les objets les plus divers, depuis les alevins jusqu'au bétail de toute nature, matières premières, produits fabriqués et usines entières, ont été examinées par le gouvernement allemand ; cet examen est terminé en général, de telle sorte que des négociations peuvent commencer dès à présent avec la Commission des réparations. A ce propos, il y aura lieu d'établir exactement les livraisons qui peuvent être exigées de l'Allemagne, dans les limites de sa capacité de paiement, en tenant compte de sa situaion économique, spécialement de la pénurie qu'elle connaît en matières premières et de déterminer celles d'entre ces livraisons qui sont inexécutables totalement ou partiellement.

B. — Pour assurer une exécution aussi rapide que possible des livraisons, le plan suivant paraît adéquat :

1. — L'Allemagne crée une organisation (comprenant l'industrie entière y compris l'industrie manufacturière) pour l'exécution des livraisons ; cette organisation présente deux caractères :

a) Pour autant que les demandes concernent du matériel spécial qui est principalement produit par la grande industrie, la livraison se fait par l'intermédiaire des groupements techniques industriels (1) ;

b) Pour autant qu'il s'agit d'articles divers produits soit par l'industrie manufacturière ou par la petite industrie, les livraisons se font par l'intermédiaire d'un organisme qui les répartira entre les divers Etats confédérés de l'empire. Ces Etats transmettent ces livraisons par l'intermédiaire d'agent spéciaux chargés de commander ces livraisons à l'industrie et au commerce (2).

De même que les pays, les groupements techniques sont également, en vertu de la loi d'exécution du traité de paix du 31 août 1919 (voir *Reichsgesetzblatt*, page 1530) constitués en groupements de livraisons. En cette qualité, ils peuvent, en cas de besoin, être astreints à l'exécution des livraisons exigées. Les pays comme les groupements industriels assument la responsabilité de l'exécution effective.

2. — Les livraisons en nature devront être comptabilisées aux prix du marché international, prix auxquels les agents chargés des commandes et les groupements techniques exécuteront les livraisons exigées. L'importance et la façon dont seront comptabilisées ces livraisons seront précisées ultérieurement lors de la fixation du montant de l'indemnité.

----

(1) La liste des groupements techniques industriels déjà existants se trouve dans l'annexe ci-jointe : « Ubersicht über des Aufbau des Reichsverbandes des deutschen industrie. »

(2) De tels employés chargés des commandes sont prévus en Prusse qui institua des filiales pour les provinces : Bavière Saxe, Wurtemberg, Bade, Hesse, Thuringe et villes hanséatiques.

3. — L'organisme de réparation (1) créé spécialement par l'industrie allemande en vue des réparations transmettra aux organismes chargés de la répartition des commandes et aux syndicats des entrepreneurs qui exécuteront celles-ci, les demandes faites par les sinistrés ou leurs organismes qu'ils créeraient éventuellement.

La façon dont les différents groupements techniques et organismes gouvernementaux collaboreront avec les habitants et les groupements intéressés des pays dévastés sera déterminée d'une façon plus précise ultérieurement.

4. — Il est recommandé que chacun des pays alliés ou associés en cause crée une organisation double : une pour la vérification des commandes et l'autre pour la réception des livraisons.

a) La première organisation est nécessaire parce que sur les listes se trouvent renseignée une série de dommages que les sinistrés ont indiqués dans les délais prescrits, afin d'éviter d'être déclarés forclos, mais qui sont déjà réparés par les commandes directes passées par lesdits sinistrés à l'industrie allemande et qui ont été payés au moyen des indemnités pour dommages de guerre fournies par les gouvernements alliés ;

b) La deuxième organisation se justifie pour vérifier la réception des marchandises livrées et éventuellement pour constater les manquants.

5. — Tous ces organismes doivent être créés en tenant compte d'une parité de traitements des patrons et des ouvriers.

6. — Des mesures de sécurité doivent être prévues afin d'éviter l'ingérence d'entreprises privées dans l'organisme administratif.

7. — Une commission sera constituée par des techniciens (la liste des techniciens allemands est déjà établie) auxquels pourront être adjoints, le cas échéant, des représentants des gouvernements intéressés, à l'effet de veiller à l'exécution de ce programme.

La commission instituera des sous-commissions pour chaque catégorie d'articles livrés.

Cette commission se mettra au travail immédiatement.

---

(1) Cet organisme est déjà institué, il est situé à Francfort, Gutleutstrasse, 8.

CONTRE-PROPOSITIONS ALLEMANDES
DE LONDRES (1ᵉʳ MARS 1921)

« Le gouvernement allemand estime qu'il serait possible d'établir un état de paiements sur les bases suivantes :

1° Si, suivant la proposition qui a été faite à l'Allemagne, on escompte à un taux de 8 o/o les 42 annuités dont les puissances alliées demandent le versement, la valeur actuelle de ces annuités s'éève à une somme légèrement supérieure à 50 milliards de marks or. C'est d'ailleurs le chiffre qui a été à plusieurs reprises indiqué par la presse alliée. De cette somme, d'une cinquantaine de milliards de marks or en chiffres ronds, il y a lieu de déduire toutes les prestations (paiements ou cessions, livraisons, etc.), que l'Allemagne a effectuées jusqu'à présent, en vertu du traité de paix, en tant qu'elles doivent être portées à son crédit au compte des réparations.

La valeur de ces prestations déjà effectuées est évaluée par l'Allemagne à environ 20 milliards de marks or. Aussi bien la déduction d'une somme inférieure pour les prestations déjà effectuées nécessiterait-elle des paiements, dont le total dépasserait la capacité économique et financière de l'Allemagne, qu'on peut raisonnablement espérer de l'avenir. Il conviendrait qu'une commission d'experts mixte établisse aussitôt que possible la valeur exacte des prestations déjà effectuées. En déduisant de la valeur actuelle susmentionnée des annuités prévues par les résolutions de Paris la valeur des prestations déjà effectuées, on arrive au total des paiements que l'Allemagne aurait encore à effectuer. Pour se procurer cette somme, il y aurait lieu de recourir le plus tôt possible à un emprunt international. Toutefois, étant donné qu'il ne sera guère possible de financer immédiatement la totalité ou la majeure partie de cette somme, à l'aide d'un seul emprunt international, il y aurait lieu d'envisager tout d'abord une mobilisation partielle. A cet effet, l'Allemagne propose d'émettre un emprunt sur une échelle aussi grande que possible, soit jusqu'à concurrence d'environ 8 milliards de marks or. Les souscriptions à cet emprunt seraient ouvertes sur tous les marchés financiers internationaux. L'emprunt jouirait de l'exemption d'impôts la plus complète dans tous les pays d'émission. Le taux d'intérêt de cet emprunt serait aussi peu élevé que possible. L'amortissement se ferait à raison de 1 à 1 1/2 o/o après 5 ans révolus. L'Allemagne est prête à accorder aux porteurs des titres les sûretés nécessaires pour le service de l'emprunt.

2° En dehors du service dudit emprunt, l'Allemagne assumera pendant chacune des 5 années prochaines le paiement d'une indemnité de 1 milliard de marks or. Cette annuité sera couverte en première ligne par des prestations en nature qui seront effectuées dans la mesure du possible, en vertu des contrats privés librement intervenus entre fournisseurs allemands et intéressés alliés. En outre, l'Allemagne affirme de nouveau qu'elle est toute disposée et toute prête à coopérer activement à l'œuvre de reconstruction des régions dévastées. Ces prestations seraient également imputées sur les 5 annuités.

La partie de la dette de réparation allemande, qui ne sera pas immédiatement couverte par l'emprunt international ou d'une autre façon, serait productive d'intérêts à 5 o/o. Sur ces intérêts, les 5 annuités de un milliard de marks or sus-mentionnés seront imputées jusqu'au 1er mai 1926. A cette date, le montant des intérêts qui n'aura pas été couvert de cette manière sera ajouté au capital.

Restent réservés tous autres arrangements en vue de financer le solde de la dette de l'Allemagne, notamment en vue d'amortir ce solde, cet amortissement ne devant pas commencer avant le 1er mai 1926. L'on placera le plus tôt possible d'autres portions au moyen d'emprunts internationaux.

Apparemment, la taxe de 12 o/o sur l'exportation allemande, prévue par les résolutions de Paris, a pour but de faire participer les alliés à un futur relèvement possible de la situation économique de l'Allemagne. Le gouvernement allemand accepte le principe de la participation des Alliés à un relèvement économique de l'Allemagne. Cependant, il a déjà été, dans une large mesure, tenu compte de ce principe dans les propositions ci-dessus, qui ne tablent pas sur la capacité économique de l'Allemagne, mais qui escomptent toutes les chances de relèvement qu'on peut raisonnablement attendre de l'avenir.

3° Toutes les prestations (paiements, cessions, livraisons, etc.) dues par l'Allemagne au terme de la partie VIII, section 1er et annexes, et de la partie IX du traité de Versailles, seront censées être réglées.

4.° Il est entendu que les conditions prévues par l'article 231 du traité de Versailles seront censées être réalisées dès que la somme fixée dans le paragraphe 1 sera intégralement payée.

Les propositions ci-dessus ne sont formulées que sous la réserve :

a) Que le plébiscite en Haute-Silésie se prononcera en faveur de l'Allemagne et que, par conséquent, la Haute-Silésie continuera à faire partie de l'Allemagne;

b) Que le commerce mondial sera libéré des entraves qui l'enserrent actuellement et que le régime de la liberté et de l'égalité en matière économique sera partout rétabli.

PROPOSITIONS DU GOUVERNEMENT ALLEMAND RELATIVES A LA RECONSTITUTION DES RÉGIONS ENVAHIES ADRESSÉES A LA COMMISSION DES RÉPARATIONS (22 AVRIL 1921).

L'Allemagne est profondément convaincue de ce qu'en vue de rétablir la paix du monde dans le domaine économique il est indispensable de reconstituer intégralement les territoires dévastés du fait de la guerre. Tant que ceci n'aura pas été fait, il est à craindre que les sentiments de haine parmi les nations en question n'aillent subsister. C'est pourquoi l'Allemagne déclare encore une fois de la façon la plus solennelle être prête à coopérer à l'œuvre de la reconstitution de toutes ses forces et avec tous les moyens dont elle dispose, ainsi qu'à tenir compte, lors de l'exécution pratique, autant qu'il sera humainement possible de tous les desiderata des puissances intéressées.

Or, en ce qui concerne les modalités de l'exécution de l'œuvre de la reconstitution, le gouvernement allemand, en maintenant les offres faites par lui dès l'année 1919, voudrait dans un court résumé faire ressortir les possibilités suivantes :

I. — L'Allemagne pourrait, en se rendant passible de tous les frais, se charger de la reconstitution de certaines villes, de certains hameaux ou villages ou de certains secteurs du territoire à reconstituer, et ceci ou bien en prenant cette œuvre dans sa propre régie ou bien en se servant de l'intermédiaire d'une entreprise internationale de colonisation. Un règlement semblable permettrait surtout de tirer profit des expériences que la reconstitution des districts de la Prusse Orientale dévastée du fait de la guerre a fait faire à l'Allemagne. L'Allemagne se désiste, à l'heure qu'il est, d'illustrer en détail cette proposition, étant donné que les gouvernements alliés ont eu, jusqu'ici, des scrupules à en approuver l'idée mère.

II. — En outre, l'Allemagne est toute disposée à rendre indépendamment du règlement proposé sous le numéro 1, disponibles sous peu, toutes les ressources pour l'œuvre de la reconstitution des provinces ravagées du Nord de la France et de la Belgique. Les organisations syndicalistes allemandes ont résolu d'offrir les prestations suivantes :

1) De procéder de suite dans les territoires dévastés en conformité des desiderata des gouvernements alliés, à des travaux de déblaiement ainsi qu'à des travaux de reboisement.

2) De remettre en état, dans le territoire à reconstituer, des tuileries ou d'en construire de nouvelles, d'y construire des fours à chaux, fours à plâtre et fourneaux de cémentation, de fournir les machines et l'outillage requis en vue de pouvoir commencer à extraire et à utiliser les matières premières y existantes susceptibles d'être converties en matière de construction et, au surplus, de livrer d'Allemagne des matières de construction et des matériaux de construction natifs.

3) De prendre soin de ce que l'outillage et les machines servant des buts de construction et non existants dans le territoire à reconstituer puissent être amenés d'Allemagne, y compris les matières de construction requises pour les premiers travaux de reconstitution.

4) De commencer incessamment à fabriquer des bâtisses provisoires de toute sorte, mais tout au moins 25.000 maisonnettes en bois (maisons d'habitation) et de les monter avant le commencement de la saison froide, dans le but de parer, tout d'abord, quelque peu à l'extrême pénurie de logements dans les territoires dévastés.

5) De fournir pour ces bâtisses provisoires l'aménagement intérieur, comme par exemple le mobilier, les poêles, les fourneaux de cuisine et la batterie de cuisine.

6° D'exécuter d'après les plans et sous contrôle des autorités françaises, des constructions au-dessus du sol et au-dessous du sol de toute sorte. Ce seront les desiderata des gouvernements alliés qui décideront la question de savoir si ces constructions seront exécutées en étant prises dans la propre régie du gouvernement français ou bien du gouvernement allemand ou en étant prises dans la régie commune des deux gouvernements s'étant liés d'intérêts l'un avec l'autre ou en étant confiées à des entrepreneurs privés ou enfin en étant exécutées sous l'un de ces trois régimes, tolérés tous les trois.

Le gouvernement allemand est tout à fait disposé à se placer sur ce terrain.

D'acord avec les organisations allemandes des ouvriers en bâtiments, y compris les organisations des employés et des fonctionnaires, le gouvernement allemand donne l'assurance formelle que les membres desdites organisations sont prêts à collaborer à l'œuvre de la reconstitution des territoires dévastés et fournissant de la besogne utile.

III. — Si d'une part l'entente à établir sur l'ensemble des questions indiquées à solutionner demande un certain temps, d'autre part c'est un fait acquis que les sinistrés sont on ne peut plus intéressés à voir reconstruire le plus rapidement possible leurs habitations et leur propriété bâtie en général. C'est pourquoi le gouvernement allemand se déclare prêt à désigner de suite et jusqu'à l'intervention d'un règlement ultérieur de grandes et importantes maisons de confiance d'entrepreneurs en bâtiments aux sinistrés qui désirent voir reconstruire leurs maisons détruites et le reste de leur propriété bâtie détruite. C'est avec ces entrepreneurs que les sinistrés ou les organes chargés de la défense de leurs intérêts pourront dresser de complets projets de construction avec devis. Il va de soi qu'il sera tout aussi loisible aux sinistrés d'indiquer de leur côté des maisons allemandes avec lesquelles ils désireraient se mettre en rapports. Le gouvernement allemand est disposé à se rendre passible, contre mise à crédit sur le compte des réparations, de l'ensemble des frais de constructions pareilles de réparatioon, pour autant que les sommes en question pourront être versées en marks papier, tandis qu'il désirerait que le problème du versement des sommes dues en des monnaies étrangères restât réservé à un règlement ultérieur.

IV. — Dans le cas où les gouvernements alliés désireraient que la coopération du gouvernement allemand à l'œuvre de la reconstitution revête une forme différant de celles ci-dessus proposées, le gouvernement allemand serait prêt et disposé à examiner et à discuter consciencieusement et de façon approfondie chaque suggestion et chaque proposition venant du côté allié, dans le but de participer à l'œuvre de la reconstitution de quelque manière que ce soit s'accordant avec les vœux des alliés et agréée par eux. Le gouvernement allemand prie les gouvernements alliés de bien vouloir entamer, si possible incontinent, les discussions nécessaires au sujet des détails du règlement qui devra intervenir.

Signé : Dʳ MEYER.

PROPOSITIONS ALLEMANDES
AU GOUVERNEMENT DES ÉTATS-UNIS

Le gouvernement des Etats-Unis d'Amérique a, par son mémorandum, fourni la possibilité de résoudre, encore une fois, par des négociations, le problème des réparations, avant que des mesures de contrainte rendent ce problème insoluble.

Le gouvernement allemand apprécie toute l'importance de cette démarche du gouvernement américain. Il s'est efforcé, dans les propositions ci-dessous, d'offrir le maximum de ce qui peut être offert par l'Allemagne, même dans la situation la plus favorable.

Ces propositions sont les suivantes :

Paragraphe Ier. — L'Allemagne se déclare prête à prendre, pour des buts de réparations, un engagement total de 50 milliards de marks or à leur valeur actuelle.

L'Allemagne est également prête à payer la valeur de cette somme en annuités adaptées à sa capacité de production, jusqu'à concurrence du montant total de 200 milliards de marks or. '

L'Allemagne mobilisera ses engagements de paiement sous la forme suivante :

Paragraphe II. — L'Allemagne émettra immédiatement un emprunt international, dont la valeur, le taux d'intérêt et le barème d'amortissement seraient à convenir.

L'Allemagne participera à cet emprunt et lui accordera des avantages étendus. Elle l'établira sur des bases telles que l'on puisse attendre un chiffre de souscription extrêmement élevé. Le produit de cet emprunt sera mis à la disposition des Alliés.

Paragraphe III. — L'Allemagne paiera, dans la mesure de sa capacité de prestations, les intérêts et amortissements du montant des sommes à payer, qui ne seraient pas couvertes par l'emprunt international ; l'Allemagne considère actuellement, à cet effet, comme possible, un intérêt annuel de 4 o/o seulement.

Paragraphe IV. — L'Allemagne est disposée à laisser

participer les puissances alliées à une amélioration de la situation financière et économique. L'amortissement de la somme restante devrait revêtir, à cet effet, une forme variable. En cas d'amélioration, l'amortissement, pour lequel il y aurait à établir un schéma reposant sur un index, s'élèverait ; au cas où la situation empirerait, cet amortissement diminuerait dans une proportion correspondante.

Paragraphe V. — Pour s'acquitter le plus vite possible du restant, l'Allemagne veut collaborer de toutes ses forces à la reconstruction des régions dévastées. Elle considère la reconstruction comme la base de réparation la plus urgente, et comme pouvant atténuer de la façon la plus directe les misères de la guerre et la haine entre les peuples.

L'Allemagne s'offre à reprendre elle-même la reconstruction des villes, villages et bourgades désignés, ou bien à collaborer à la reconstruction au moyen de son travail, de ses matériaux et de ses ressources ou de toute autre matière agréable aux Alliés. Elle supportera elle-même les frais de ces prestations.

Une note spéciale adressée à la Commission des réparations donne de plus amples détails.

Paragraphe VI. — A ce même effet, l'Allemagne est disposée à fournir des prestations en objets aux Etats victimes de la guerre, et cela en plus de la reconstruction, d'après un procédé autant que possible purement commercial.

Paragraphe VII. — Pour donner une preuve indéniable de sa bonne volonté, l'Allemagne est prête à mettre immédiatement à la disposition de la Commission des réparations une somme de un milliard de marks or, sous la forme suivante :

1° 150 millions de marks or, sous forme d'or, d'argent et de devises ;

2° 850 millions de marks or, sous forme de traites sur le Trésor qui devront être remboursées au plus tard dans un délai de trois mois, en devises et en valeurs étrangères.

Paragraphe VIII. — Au cas où les Etats-Unis et les Alliés le désireraient, l'Allemagne serait disposée à assumer, dans la mesure de sa capacité de prestations, les obligations des Alliés envers les Etats-Unis, en raison de leurs dettes envers ceux-ci.

Paragraphe IX. — L'Allemagne propose de négocier avec participation d'experts au sujet de la manière dont les prestations allemandes pour les réparations seront portées en compte sur le total de la dette de l'Allemagne et en particulier sur la manière dont le prix et la valeur seront fixés.

Paragraphe X. — L'Allemagne serait disposée à donner aux prêteurs toutes espèces de crédits et garanties nécessaires, d'une manière à convenir plus en détail, garanties reposant sur les biens de l'Etat et sur les revenus publics.

Paragraphe XI. — L'exécution des propositions ci-dessus éteindrait toutes les autres obligations de l'Allemagne du fait des réparations. Les biens privés des Allemands à l'étranger seraient également libérés.

L'Allemagne ne considère ces propositions comme acceptables que si le régime des sanctions cesse aussitôt, que si la base actuelle de production allemande n'est pas restreinte davantage, que si l'Allemagne est admise au libre trafic mondial et déchargée des dépenses improductives.

L'Allemagne s'oblige à reconnaître comme l'engageant la décision d'une commission internationale d'experts sur ses capacités de prestations.

Si, de l'avis du gouvernement américain, une autre forme de propositions devait rendre l'affaire plus facile à traiter, le gouvernement allemand demanderait qu'on lui signalât les points sur lesquels une modification paraîtrait désirable au gouvernement américain.

Le gouvernement allemand accueillerait de même toutes propositions du gouvernement américain.

Le gouvernement allemand est trop profondément convaincu que la paix et le bien-être du monde dépendent d'une solution rapide, équitable et modérée de la question des réparations pour ne pas faire tout son possible pour que les Etats-Unis soient en mesure d'attirer l'attention des gouvernements alliés sur cette affaire.

Imp. G. Cadet, 7, rue Cadet. Paris